梅花香自苦寒來

見證地震島的生命力

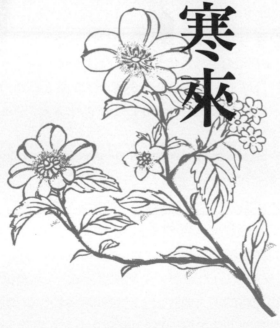

内化爲堅毅的歷史記憶

序

「九二一」這段歷史，我們要記錄，也要回顧；要紀念，也要省悟。
悲苦的記憶不能忘記，
但可以轉化為對大自然力量的敬畏、轉化為懂得謙卑面對大自然。

　　「九二一」對台灣民眾來說，不僅是三個阿拉伯數字，而是一個鮮明的記憶。十年前九月二十一日那場世紀大地震，震裂了台灣中部的山河大地，也震碎了許許多多人幸福的夢與平靜的心。

　　「疾風知勁草，板蕩識忠貞」，也因為這場驚天動地的大地震，測出了台灣人的高度愛心與善行，測出了台灣人民不因苦難而喪志、不因挫折而灰心的堅忍不拔和愈挫彌堅的精神和意志。

　　十年過去，當年歷經千錘萬擊的災區，現在又回復生機了。雖然刻骨銘心的驚恐與喪親之慟，到現在可能還揮之不去，但在台灣全民與世界各國善心人士的關懷與協助下，心中苦痛的陰霾已逐漸飄離，溫煦的旭日已漸高升。

　　「九二一」大地震帶來的無比創痛，也給了我們很大的啟示，那就是：沒有過不去的災難，沒有受不完的苦痛；靠著彼此的互愛，可以穿越荊棘，克服坎坷，渡過險灘。「希望來自於人類的互助」此言不虛。

　　就是在互愛、互助下，九二一災區的民眾，就像浴火鳳凰，現在又可以展翅高飛了。當年殘破的景象，現在已面目一新，溪水潺潺、清風徐徐，孩童們又可以在空地上嬉戲了。

　　倒塌的學校，如今不僅校舍巍峨，琅琅的讀書聲又在校園裏迴盪了；破碎的家園，在鄉親胼手胝足的奮鬥下，又重新矗立起來了。產業開始轉型、生計獲得轉機，正所謂「不經一番寒徹骨，那得梅花撲鼻香」。

　　災區的重生，讓我們學到什麼叫作「堅苦卓絕」；讓我們真正了解什麼是「愈挫愈奮」的真義。

　　經過十年休養生息，九九峰尚未全然恢復元氣，大地被撕裂的痕跡，仍然依稀可見。歷經災難的老人或許還心有餘悸地會和你娓娓訴說地震發生當時，是如何驚悚與無助的記憶；當然也會和你分享各界愛心湧現災區的感人事蹟。尤其對於慈濟人的撫慰與協助、支持與陪伴，他們總會表達出發自內心深處最誠摯的感激之情。

　　「有苦難的地方，就有慈濟人的身影」，九二一災區鄉親見證到了；就像從大地湧出的菩薩一樣，當時慈濟人聞聲救苦，千處祈求千處現、無所不在的身影，確實安定了心魂未定的受災民眾。

安身、安心、安生三階段的賑災行動一一展開。受災鄉親有了依靠,苦難得以一一度過、重建得以一一開始、學校得以一一重啟、受災鄉親得以一一新生。各界人士的愛與慈濟人長期的關懷陪伴,都是受災鄉親新生的動力、都是災區重建不可或缺的能源。

歷史可以被忽略,但不能被忘記。對整個人類來說,歷史是人類生存與發展的烙記。它記錄了人類整體的苦難與發展、毀滅與重生、興盛與衰亡;也記錄了個體的悲歡與離合、生離與死別、淚水與汗水。

歷史可以只是文字的記錄,但也可以內化為人類的記憶,記憶又可以內化為人類心靈的一部分,而這小小心靈的一部分,又可能內化為生命的基因,左右了人類的意識與未來。

所以對九二一大地震的這段歷史,我們要記錄,也要回顧;要紀念,也要省悟。最重要的是:悲苦的記憶我們不能忘記,但可以轉化為對大自然力量的敬畏,轉化為在大自然面前應該懂得謙卑。

為記錄九二一這段世紀大災難,我們曾經出版了《地震島的生命力》;為保存全民賑災、愛心湧現的感人篇章,我們也出版了《震盪中的人間至情》一至五冊。而十年來,我們更不斷用參與、陪伴、關懷與訪談,見證了災區的毀損與重生。

現在我們把聲聲入耳、歷歷在目的見證歷程,經過記錄、整理、編排,在九二一地震十周年前夕,出版了《梅花香自苦寒來》一書,讓人們了解台灣這個地震島,有著不能被輕易擊倒的強大生命力。

就在我們籌備出版本書期間,八八水災重創了南部。這是一場本質上異於九二一大地震的另一次世紀大災難。我們哀痛、我們悲傷,當然,我們再一次的動員救災、愛心關懷、耐心撫慰與出力協助。

這次災情的嚴重,不下於九二一,但我們仍然不灰心、不喪志,我們仍然相信「有愛就有希望」;我們仍然要說:台灣人民有堅毅不拔的精神、有互助友愛的行動力,我們還是相信在很短的未來,災區可以再度重建,可以再次重新站立起來。

本書出版在即,我們要向「八八水災」罹難者的亡靈致哀,向罹難者的家屬致意,向所有受災受難的鄉親表達關懷之情。就像我們陪伴九二一災區重建一樣,全球所有的慈濟人都誓願作為受災鄉親重新奮起的最有力後盾。

王端正

慈濟人文志業執行長

南投九九峰

攝影／王志宏

攝影／林焱煌

百萬年前，南投縣草屯鎮九九峰是堆積的河床，經造山運動而隆起成山，地質脆弱。十年前，九二一大地震造成九九峰山體大面積崩塌，呈現光禿景象；如今，植被復育率已逾七成，依舊難見過去翠綠風貌。

霧峰地震教育園區

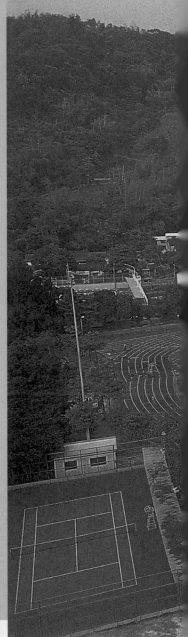

車籠埔斷層穿過台中縣霧峰鄉光復
國中校區，強大的震撼力摧毀建築，
產生劇烈位移，並在操場上造成約二
點五公尺的落差。

震後，光復國中遷址重建，原校地由
國立自然科學博物館成立九二一地
震教育園區，館方保留傾倒的校舍與
隆起的操場，作為大地巨變的見證。

攝影／蕭耀華

攝影／郭以德

台北東星大樓

攝影／范庭維

攝影／王志宏

歷經十年曲折，台北市東星大樓終
於在二〇〇九年八月重建完成，成為
九二一地震中最後一棟完成重建的
集合式住宅。

敬天愛地，與災難共處

六百萬年前，因板塊運動生成的台灣，多地震、颱風，是無可逃避的現實；
培養與災難共處的智慧，是每個人必修的課題。

撰文-葉子豪

一九九九年九月二十一日凌晨一點四十七分，位在台灣島中心的南投縣集集鎮地下八公里處爆發大地震，規模高達七點三。

持續一百零二秒的震盪撼動全島，造成兩千四百一十五人死亡、一萬一千三百零五人受傷，從南投、台中到台北縣市，全台房屋毀損近十一萬棟；是台灣自第二次世界大戰以後，死傷最慘重的災難。

十年後的今天，九二一大地震已走入歷史，但台灣地形陡峭、多地震、颱風的環境現實，卻不會改變。

世界銀行（World Bank Group，簡稱WBG）在二○○五年三月發布的《天然災害要覽之全球風險分析》指出，台灣同時暴露在水災、旱災和地震等天然災害下的土地面積和面臨災害危險的人口數，比例都高達百分之七十三，居世界之冠。

強震造成土石鬆動，全球暖化導致降雨集中、強度變大，台灣面臨了更高的災害風險。二○○一年桃芝颱風、二○○四年敏督利颱風，到二○○九年八月的莫拉克颱風，都造成嚴重的淹水、土石流災情。

莫拉克颱風帶來「一日千厘」的雨量，讓數月乾旱一夕之間轉變成重創半個台灣島的「八八水災」。山崩、路塌、橋斷，許多山間部落成了孤島，受災民眾焦急悲苦的臉龐、直升機此起彼落的引擎聲、各方志工忙進忙出的身影……再次奏響了台灣的命運交響曲。

千百年來，每年必定報到的颱風，與頻繁但無法預測的地震，一再試煉著島民的生命力。一次又一次的災難，提醒著人們省思——究竟自己對這座安身之島有多少認識？在追求發展的同時，又該如何永續經營，與這塊土地共榮共存？

美麗寶島，震盪而生

「住台中的人和住花東的人，其實是住在兩個不同的板塊上——花東海岸山脈是在菲律賓海板塊上，台中、台北是在歐亞大陸板塊上。」地震學者出身的中央氣象局長辛在勤，簡要說明地球板塊運動與台灣島形成的關係。

六百萬年前，歐亞大陸板塊、菲律賓海板塊、南中國海板塊相互擠壓，把古台灣島擠出了西太平洋海面，並推擠出高聳的山脈。

兩百多座三千公尺以上的高山分布在這個島嶼上，從平原到高海拔的多種地理環

攝影／郭以德

地震是地球運行的必然活動，台灣島因地震而生成，也因地震而受創。生活在這塊土地上的人們，當記取災害的教訓，順天地而行，方能平安，永續生存。圖為九二一大地震，在大甲溪上造成的新瀑布，高達五公尺的落差，形成天然奇景，也將豐碑大橋截斷。

境，衍生出豐富的物種與生態；然而「造山運動」迄今未歇，頻繁的地殼活動使台灣成為不折不扣的「地震島」。

「過去一百年，發生在島上的七級以上災害性地震有八次、六級以上有兩次……」坐在從日治時期沿用至今的研究室裏，台大地質系教授陳文山手指輕輕一點，電腦螢幕立即顯示全球「地震災害潛勢圖」；在這張顯示地震危險性的世界地圖上，小小的台灣因為人口密度高、大地震頻繁，早被地質學界列為醒目的紅色區塊，和美國加州、日本東京，同屬地震高危險區。

陳文山還記得九二一當天，他正在老師

家聚會，凌晨一點多燈光忽明忽暗，接著房子就震動起來。「家裏搖得很厲害！」太太從土城家中來電，話還沒講完又喊著地震來了；掛掉電話幾秒鐘後，他再次感到一陣天搖地動。「波是從南邊上來，先到土城再到台北市，可見地震是在中南部發生；而台北震得這麼厲害，震央區一定不得了！」

地震後第二天，陳文山便趕往震央所在的車籠埔斷層帶進行勘察，沿途所見除了屋毀牆坍的災情外，就是令人望而生畏的地殼變動。「地整個抬上來，隆起至少四、五米。我看到一戶農家門前的曬穀場，被

抬升到和他們家三樓一樣高。」

電視工作者熊九山時任義務役預官，隨部隊搭乘直升機入山救災。「飛到草嶺上空，大家都被眼前的景象鎮住了！一整片都是黃土，一望無際……原來草嶺大山崩這麼嚴重！」從空中鳥瞰大地創傷的驚駭，至今歷歷在目。

敬天愛地，共生共榮

「以一個造山運動形成的區域來講，本來就會有很多地震；而且台灣地形陡峭，表土層不穩定、很多崩塌地；又位在颱風區域，降雨量大——三個因素加起來，就可能造成嚴重土石流。」陳文山總結台灣地理特性，說明山區土石流災害頻繁的危險因子。

先天危脆的土地，經過數百年來先民「篳路藍縷，以啟山林」的拓墾，以及日治、二次戰後延續至八〇年代的林業砍伐，到今日追逐觀光利益仍未停止的開發，都讓山河大地蒙受持續的破壞。

「一九六〇到一九八〇年代，台灣進入出口替代的輕工業時代，農業所得相對降低，許多農民轉而上山開墾，大量種植經濟作物；九〇年代之後，產值更高的觀光業興起，很多山地資源如溫泉被大肆

攝影／蕭耀華

莫拉克颱風帶來的豐沛雨量，在南部山地鄉和沿海城鎮造成慘重災情。高雄縣六龜鄉新發村新開部落遭土石流掩埋，大雨沖刷下的石礫堆成一個四十五度斜坡；空氣中彌漫腐臭味，國軍努力開挖，期盼挖出生機。

十年過後，草嶺的地震崩塌地帶依舊令人觸目驚心。地形陡峭加上多地震、多颱風，台灣的地質其實相當危脆，許多山地如草嶺，常在地震或暴雨侵襲時崩塌，形成大小不一的堰塞湖，擴大災害的風險。

攝影／蕭耀華

開發。」慈濟大學人類學研究所許木柱教授，從社會經濟的角度，指出近半世紀以來台灣山地開發日益嚴重的主因。

當愈來愈多人抱持著「人定勝天」、「愛拚才會贏」的思維，唯經濟產值是賴——為了發展農業並促進觀光，許多不適合耕種、蓋房子的山地被開發；而位於溪流出海口的西南沿海地帶，因養殖漁業長期超抽地下水，導致地層一再下陷……災難的苦果，也將隨之增長。

土石之流、大地之傷，近年來變本加厲的災情，已明確警告世人，不能再對大地之母予取予求；不改變觀念及作法，再多的財富也挽回不了家園的沈淪。

■

如著名的「西雅圖酋長宣言」所言：「大地不屬於人，而人是屬於大地的。」人終究是自然的一部分，不可能逆天地而行。

值此全球暖化、氣候變遷加遽的危機年代，與海爭地數百年的荷蘭，已放棄老祖先築堤、排水、造陸的對抗性思維，主動將土地歸還給河流；把原本固定於土地上的傳統房屋，改為隨水位升降的「漂浮房屋」，讓人隨著河水的脈動生活，免除了遭洪水淹沒的苦難。

生活在多颱風的地震島上，台灣島民的血液裏，傳承了老祖先在災難地帶求生存的強勢基因；卻也承擔人們任意破壞環境造成的苦果。九二一地震、八八水災示現了國土危脆的無常，也彰顯了台灣代代相傳，屢次毀滅卻又屢次重生的生命力。

「走路要輕，怕地會痛。」走過災難的沈痛，相信許多人已領悟了——人當以謙卑戒慎的態度，對天地表示敬重、對他人付出關懷；唯「敬天愛人」可免災禍，達成永續生存的目標。

城鄉新生

十年休養生息，讓受重創的城市與鄉鎮，
幾乎消除了一切與地震有關的痕跡；
但是對曾經失去家園的人來說，
景觀可以改變，記憶卻永遠不會消失。

流水潺潺，涼風徐來，小娃在空地上嬉戲，長者沿著河岸信步而行，完工於二〇〇六年四月、位於草屯鎮太平路與虎山路之間的虎山溝親水公園，為市區內甚難稀有的休閒空間。當地的建商與房屋仲介業者，亦以此地的風光為標榜，密集地推案銷售，欣欣向榮的景象，看不出這裏過往的足跡。

「大愛屋拆遷至今，有六、七年囉！」草屯鎮中山里里長簡煥基，道出了這些年來這塊土地的變遷。

地震後，擔任里長的簡煥基不忍受災鄉親無家可歸，於是會同簡永和、陳蘭櫻、楊瑞銘、李火昆、林陳阿巧五位地主一起把地借出來，總共湊成兩甲的建地，讓慈濟順利興建草屯大愛村。六人合心助鄉親的事蹟，傳為地方上的美談。

如今時過境遷，昔日一百五十戶的組合屋社區，已完成階段性使命；拆除後的原址，被南投縣政府以區段徵收的方式，納入草屯行政園區的範圍，簡煥基等人的土地，有一半成了親水公園用地。

另一個位於埔里鎮信義路上的慈濟大愛村，功成身退之後由縣政府、鎮公所及民間社團接手規畫，改造成為地方拚經濟的假日觀光夜市；燈火通明、人頭鑽動的熱鬧，取代了昔日大愛村的寧靜夜。

而台中縣東勢鎮大愛村原址，現已成為國立東勢高工校內的一塊綠地，種植了許多小樹，在陽光下吐露著清新的氣息。

臨時住屋，重建基石

十年休養生息，讓受重創的城市與鄉鎮，幾乎消除了一切與地震有關的痕跡。但是對曾經失去家園的人來說，景觀可以改變，記憶卻永遠不會消失。

地震造成全台房屋全倒、半倒逾十萬間，數十萬人的安置、受災城鄉的重建成了當務之急。

不忍受災民眾流離失所身心失調，證嚴上人在地震後第三天，即指示志工展開組合屋的建設。自九月二十八日第一間動工，到十二月二十八日全部完成，全台慈濟志工動員五萬人次，在三個月之內，打造了一千七百多戶臨時住所。這些分布於南投、雲林、台中縣市的臨時社區，讓因地震無家可歸的民眾有了新的開始，也使城鄉的新生有了更多著力點。

「地震後，想租房子租不到，有家又歸不得，還好有慈濟伸出援手。」家住埔里的胡瓊丰，談起九二一大地震後自家房屋全倒，當了兩個月「帳棚族」的經歷，仍不免有些心酸。對未來不確定的心情，在住進位於埔里鎮信義路的大愛村後，終於獲得平復。

一戶十二坪的組合屋雖然不大，卻是麻雀雖小，五臟俱全，三房兩廳一衛，完全比照一般家屋的設計；「安家、入厝」的尊重態度，鼓勵著鄉親——受災只是「一時」不是「一世」。

這些災後應急而生的臨時建築，清一色平房意外打破了都市公寓大廈造成的疏離與孤獨。搬進了比原來的家小許多的組合屋，孩子們卻興奮地表示：「我們家變大了！」

因為在「屋小地大」的臨時社區，一出

照片／新故鄉文教基金會提供

地震的非常破壞，一度讓許多受災社區面臨沒落的危機，但憑著對家鄉的愛，在地居民及社團集思廣益，發揮前所未有的創意，締造了城鄉第二春。圖為南投縣桃米社區著名的「紙教堂」前，人們以燭光晚會，為九二一大地震後的台灣祈福。

家門就是寬廣的空地，先前互不相識的孩子，很快地打成一片玩在一起。少了樓梯的障礙，行動不便的長者獲得了更大的行動自由，東家長西家短的串門子，再現農業社會濃農的人情味。

為了顧及人與自然的和諧，慈濟人在建設之初，即捨棄鋪柏油的速成工法，改為鋪設連鎖磚，維持地表透水、透氣功能，讓大地能「呼吸」。

鋪設連鎖磚無法使用機具，必需以大量人力做「手工」，因此在建村之初，工地裏總是擠滿了來自各地的慈濟志工；他們付出了汗水，用雙手讓一棟棟屋子從地湧出，也讓受災民眾感受到重生的希望。

人際網路，打造願景

「不要只是被照顧，他們要有一點動力、生產力。」談起災後復建，台大城鄉所劉可強教授認為，軟體的人際網路，比有形的硬體條件更重要，特別是在中長期復原階段，更要引導受災民眾做正向的事，找出生活的意義。

「住進大愛村後，我們的生活就回歸常軌，上班的去上班，沒上班的就打掃周遭環境，大家凝聚力很強，有東西都會相互分享。」胡瓊丰回憶起住大愛村那兩年半

大甲溪畔的台中縣東勢鎮，是九二一大地震時，死亡人數最多的鄉鎮。經過十年休養生息，當地景觀已不復見大地傷痕，但從大地震中死裏逃生、災後克難度日的經歷，已成鄉親的共同記憶。

的日子，還記得當時村民們發起了幾次義賣活動，大家有錢出錢、有力出力，義賣所得全捐給慈濟，作災後重建之用。

對一個入住之初，左鄰右舍完全不認識的臨時社區來說，彼此互助合作自立自強的共識尤其重要。而那分同甘共苦的經歷，心靈的聯繫，即使在大愛村拆除還地之後，依舊綿延不絕。

曾是台中縣大里市大愛村民的李美雲，後來加入慈濟，受證為慈濟委員，至今依舊聯繫著十年前大愛村的老鄰居，持續向

他們收善款募愛心。「是九二一的因緣，讓我成長；做志工，療癒了我的傷痛。」李美雲感恩道。

災後一切的努力，不只求單純的復舊，更重要的是如何脫胎換骨，讓原來的社區變得更美好。

「如果沒有地震，是不可能激發這麼大的力量！」新故鄉基金會董事長廖嘉展表示，九二一地震災區，大多比較偏遠，產業不發達、人口外移；但這一場地震，卻促使在地人深思，是否可能透過新的產業發展

攝影／蕭耀華

飲、工藝DIY等，也都圍繞著生態的主軸，在永續環境的前提下經營發展。

居民的共同努力，讓桃米里從一個出產麻竹筍的小山村，一躍成為全台知名的生態旅遊點。人與自然的和諧、生計與環保的均衡，在桃米等幾個九二一災後重建的小社區裏，看見了初步的成效。

■

夜幕低垂，位於桃米社區的紙教堂，透出溫柔的光影，像提燈照顧病人的護士般，看照著曾經受創的山嶺。

這座由日本建築師坂茂設計的紙建築，是一九九五年阪神大地震時，為取代被焚毀的鷹取教會所建的臨時宗教集會所。二○○五年紙教堂因不敷使用功成身退，旋即由新故鄉基金會接手，轉運到南投埔里重建。

走過阪神與九二一兩大地震，紙教堂的重生，不只是單純的「資源回收」，更連結了台日兩地地震災民、救災人員及志工的共同記憶。

曾經分布於中部四縣市，收容一千七百戶受災民眾的大愛組合屋，雖已拆除一空，卻不曾走入歷史；這些「退役」的組合屋和連鎖磚，至今仍在各慈濟會所發揮功能，行無聲的說法。

追懷九二一，預約新台灣，對經歷過震災的城鄉來說，破壞的建築必須修復或改建，但災後重生的歷程，不能因為事過境遷就被遺忘。

形式，促進在地就業與環境永續？

如災後重建的「模範生」金南投縣埔里鎮桃米社區。九二一大地震時，這個人口僅一千多人的村里，房子倒塌超過一半；居民請農委會特有生物研究保育中心進行物種調查，驚喜地發現，全台二十九種蛙類，桃米里就擁有二十三種……豐富的鳥類、蜻蜓類，也高密度地生存在面積十八平方公里的社區中。「透過社區資源差異化的分析，找出了『生態村』的發展方向。」廖嘉展如是說明。

為了達成共同願景，社區裏的工人、農民、家庭主婦參加講習，成了生態旅遊的最佳解說員。新興的產業如民宿、風味餐

攝影／林澤楨

災後第一時間

凌晨一點四十七分，台灣中部集集鎮地底一點一公里深度發生巨大震盪，持續一百零二秒的強震撼動整個台灣島。

等不及天亮，各地慈濟人冒著餘震的危險摸黑出門勘災；即使家中受災、交通受阻，都擋不住這分救人的急切。

在斷電斷訊的情況下，他們根據平時的急難救助經驗，在搜救現場及災民收容中心設定點烹煮熱食，維持救災人員和災民的體力；有些人則趕到醫院與臨時停屍間，安慰傷者、安撫家屬，為往生者助念。

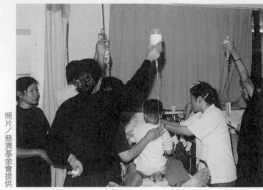

照片／慈濟基金會提供

> **九月二十一日凌晨起至二十七日**
>
> 慈濟志工共設置三十處大型煮食點，供應熱食逾一百三十萬人次。

攝影／郭以德

那一碗熱食

撰文－儲郁芬、陳柏州

僅僅一夜之間，有人痛失至親、有人受了傷、有人失去家園茫然無措、有人驚惶未定……但在黎明到來時，許多人手上都多了一碗熱食；那一碗熱食，也成了人們心中「溫暖」的代名詞。

■

大震盪後，災區一片凌亂，水、電、交通、電訊中斷。

住在台中大里的蔡素蓮，和鄰里驚逃至崇光國小操場，看到避難的人們神情無不是哀傷、恐懼、憂慮；身為慈濟志工的她，第一個想到的就是——用一碗溫熱的粥，安撫民眾的心。

住家是整排連棟透天厝，附近受災情況並不嚴重，蔡素蓮便以住家騎樓作為熱食供應站。「乘著餘震稍歇，我們把瓦斯爐、鍋、鏟都搬出來，米、蛋、菜也通通拿出來。三棟騎樓，可以放很多東西。」

前一天，蔡素蓮的先生剛好收了貨款回來，她身上有不少現金，於是趕緊拿出來託志工到附近賣場，把能用的食材全買回來。

剛開始由於人力和食材不足，熱食只足夠提供在鄰近校園避難的民眾所需。「幸好，台中分會統籌物資分派，請南北各地志工將食材陸續送來。三天後，小熱食站已轉為一百多人投入服務的大定點。」

斷水，環保餐盒怎麼洗？

前來中部勘災的證嚴上人，一到大里就先了解當地熱食的供應情形；舉凡飯如何煮、怎麼送給災民、一天供應量多少等，都鉅細靡遺地詢問。

當上人得知，每天上萬個便當都是由紙盒裝送時，立刻請人從花蓮送來環保餐盒，以利重複使用。

第三天要開始使用環保餐盒供餐，對志工們而言，可是個大難題！因為許多地方都斷電斷水，每天上萬個餐盒，要去哪裏找水洗？

正當蔡素蓮為此事煩惱時，獲知附近人家有一口天井，只是長期沒用，不知還能不能汲出水來？

所幸，修繕後的天井真的能用。之後，不論是洗米、洗菜、洗便當盒，志工們全仰賴這口天井。

每天凌晨三點多,來自各地的食材卡車已經把菜運送到門口。有位從南部運送食材來的志工,每次來都主動將食材分門別類排放整齊,節省大家整理的時間。

一位阿伯將空而未用的新屋提供出來,讓志工作為倉儲;還有不少居民主動提供車輛,自己當司機幫忙運送便當。

一位五十多歲的婦女,開著一輛名貴房車來幫忙送餐。蔡素蓮提醒她:「便當油油的,會弄髒車子,還是不要吧!」婦人卻堅持說,弄髒也沒關係……

斷炊,小吃店免費供餐

在大里路上開設小吃店的徐根進,凌晨聽說王朝大樓倒了,摸黑趕到店裏,看到瓦斯爐、桶沒倒、房子無恙,直呼僥倖。

「四、五點快天亮時,我跟太太說,沒電又沒水,我們來煮給大家吃。」他正在店裏備料時,熟識的慈濟志工黃翠玉騎著機車、人未到聲先到地問他:「現在還做生意啊?」

「我不是做生意啦,是要煮給大家吃!」

進到店內,黃翠玉立即撥了幾通電話,號召志工來幫忙。十多分鐘後,志工陸續趕到小吃店。

「我有發電機,只欠水而已。對面空地有一處湧泉,麻煩大家幫忙載水。」徐根進開始分配工作,炒煮由店內師傅負責,志工負責洗菜、洗米、裝便當……包括妻兒媳婦、全店人員一起忙碌了起來。

災情隨著時間和人來人往的口中擴散開來——集集、中寮、霧峰許多房屋都倒了,不少人被壓死、阿兵哥來救災……十點半,小吃店做出的便當已陸續往南投災區送出,當天就創下製作三千多個便當的記錄。

午晚時分,徐根進蹲在店門前,一位阿伯騎著貨架式古早鐵馬經過。

「少年仔,你的店有在包便當救濟人吃喔?」

「是啊,阿伯,有什麼問題?」

「我親手種的白菜,拔一些來救災!」阿伯手握一把小白菜及一把油菜,約莫一台斤。

「感恩喔,功德無量!」阿伯走後,徐根進突然悟到一件事,趕緊叫來

太太、子媳還有店裏的師傅：「從明天開始，若有人拿食物要給我們做賑災便當用，不論多少都要收！」

徐根進說，阿伯用青菜啟發他——愛心不分大小。

也有農民到店裏問他：「老闆，我的田有種一些冬瓜，但是醜醜的，不知你會嫌否？」

「你麥這樣講！任你拿來做愛心。皮醜醜的不要緊，志工會揀，能吃的我們來惜福，菜少沒關係！」

地震第三天晚上，徐根進接到公所打來協商的電話，因為救援大里倒塌金巴黎大樓的阿兵哥指定要吃小吃店的便當。

「阿兵哥從外地來幫忙，就像自己孩子一樣，理所當然要照顧他們。」徐根進表示，從阿兵哥進駐第一天，到最後一天撤退，連續供應了二十五天餐。

期間，每天打烊後的店門口淨淨空空，但翌日一大早就堆滿各色蔬果。市場有兩家商店連著三天載來一大卡車洗好的葉菜；還有一位婦人每天午晚兩餐都炒來兩樣素菜支援，也有人送白米來……

照片／慈濟基金會提供

更有不少人直接掏現金捐獻。事後統計起來高達十多萬元，徐根進將這些十方會眾的賑災善款，一一依照他們留下的名字、電話，將收據送上。

有一家電視台要採訪，徐根進婉拒記者說：「這是社會熱心人士共有的功德，不是我一家小吃店的！」

一碗熱食帶來的溫暖

在台北新莊民安國小，九二一清晨五點多，志工們已經煮出熱騰騰的稀飯，供應在「博士的家」倒塌大樓現場的救難人員與居民；台北市警局松山分局為「東星大樓」救災人員準備五百份早餐，沒想到大部分救災人員已經吃過慈濟在現場供應的熱食。

松山分局長枋劍飛說，從第一頓早餐後，供應救災人員各餐飲食，變成慈濟例行工作；讓他們沒有後顧之憂，得以全心救災。

二十年來走在第一線救災的一位義消說，災難現場的後勤支援也很重要。「我印象非常深刻——當我口渴時，慈濟志工即時送上一碗愛玉冰；當我餓的時候，慈濟志工又送上一碗素羹湯……」

在埔里，慈濟志工陳麗華，清晨六點多就拿出四個大鍋，召集志工開始煮食。

傍晚的埔里中正路上，等待慈濟發送粥飯的災民已大排長龍，沿著埔里國小圍牆不斷增加。「吃整天的乾糧配滾水，現在才呷到熱的！」災民們說。

熱食煮好後，埔里慈濟人用環保車四處分發，從陽光初現一直送到星光閃爍。陳麗華事後回憶：「真的是煮整天。做的時候不會累，晚上休息時，才想到整天都沒上廁所！」

■

從台中德昌大樓倒塌現場逃出的一位少婦激動地說，當她穿著薄衫逃出來後，驚恐得哭了，哭累便倚著樹睡著了；醒來後，她發現身上蓋著一件外衣，一位志工端了一碗熱粥給她，還像媽媽一樣安撫她……

十年後的今天，蔡素蓮和徐根進都表示，九二一最令他們難以忘懷的，不是災後的恐懼，而是鄉親們不分彼此的愛心。而這分力量，不只在當時安定了災區許多民眾的心，也陪伴著他們在重建路上勇敢前行。

緊急物資援助

各地災情陸續傳出，傷亡人數持續
上升。凌晨兩點多，慈濟花蓮本會成
立救災總指揮中心，緊接著在靠近
震央的台中分會成立第一個救災服
務中心──匯整災情、災民需求，結
集並整合各地人力和物資，設法後
援補給。

全台北、中、南區陸續成立了三十一
處救災服務中心。部分災區欠缺屍
袋及冷凍櫃，慈濟緊急提供一千六百
個屍袋和十個冷凍櫃；志工致贈應
急金和喪葬補助金。

災後第二天

發出一億六千萬元，
逾十二萬人獲得協助。

照片／慈濟基金會提供

最後一趟路

撰文-陳美羿

「到山上扛死人下來，你敢嘸？」
「敢啊！」

這是地震當天傍晚，集集鎮長林明溱和慈濟志工劉國璋的對話。

身處震央的集集小鎮，在剎時間，天崩地裂，屋毀人亡，哀鴻遍野，宛如鬼域。慈濟人相互問知無恙，即刻集結投入救災第一線的工作。

罹難者的遺體一具具送到衛生所前停放。下午五點多，有鎮民來請求需要人幫忙，到廣明里雞籠山上，把罹難者抬下來。鎮長找了半天，沒有人敢去。正好看到身穿「藍天白雲」的慈濟人，問一聲，劉國璋立刻就答應了。

「慈濟人比較好『央叫』。」鎮長林明溱說。

開著平常做裝潢生意的小卡車，劉國璋獨自前往。沿途所見，盡是倒塌的房子以及驚慌失措的鄉親；路面不是隆起、下陷就是裂開，。

到了山腳下，劉國璋把車子停在

路邊,開始爬山。山路也是柔腸寸斷,兩旁的果樹和檳榔樹東倒西歪,景象嚇人。

走了三十幾分鐘,終於來到山頂上亡者的家。那是間土角厝,已經倒塌了。亡者被安置在一塊木板上,用白布蓋著。

劉國璋問知亡者是一位獨身的果農,就招呼他的親戚來拜一拜,然後說:「黃先生,我是慈濟人,現在我們要把你帶下山去了。」

照片／慈濟基金會提供

「拜託一下好嗎?」突然一位婦女跑來說:「我阿伯一世人難得下山去一趟,現在他被壓死了,好慘啊!你們可不可以抬著他,在集集街上遊街,讓他最後也能繞一繞熱鬧的街仔路?」

劉國璋為難地對她說:「天快黑了,恐怕有困難。更重要的是街上房子都倒了,路都走不通,不能去遊街。很抱歉,對不起。」

四個男眾抬起薄板上的亡者,兩位女眾跟在後頭。一行人就在漸漸昏暗的山路上艱辛地走下來。

「陡峭山路平常就不好走了,更何況地震後路都『破』了,還要抬一個人,這個人又不是裝在棺材裏,而是放在板子上,必須小心翼翼才不會滑下來。基於尊重亡者和台灣的習俗,亡者不能放在地上,所以一路上我們只能在比較平坦的地方,大家站定一會兒,休息一下就得再走了。走到山腳下,天已經黑了。」劉國璋說:「把亡者遺體放在我的車上,開到衛生所前停放,總算完成了任務。」

助人為快樂之本,但是劉國璋說,這趟「助人」的經驗,卻是無比的「沈重」。

攝影／郭以德

緊急醫療援助

全台醫療機構包括醫院、療養院、診所、護理之家、衛生所、捐血站、檢驗所、藥房等,共
有四百六十八家在九二一地震中受損,難以負擔大量傷患救治工作。

慈濟醫院及人醫會即刻組成醫療團,九月二十一日下午已經抵達埔里、集集等八個受創嚴
重的鄉鎮,陸續設立十九處醫療站,提供受災鄉親身心醫療服務。九月二十八日慈濟醫院
受衛生署委託,以南投縣中寮鄉為責任災區,負責為期一個月的醫療統合。

至十一月十五日止

慈濟醫護志工駐守災區近兩個月,動員兩
千零五十二人次,服務患者一萬兩千四百零
七人次。

攝影／蕭耀華

夢迴中寮

撰文-郭漢崇（慈濟醫院泌尿科主任）

終於盼到九月三十日，成為第四梯次慈濟醫療隊的一員，前往受災最重、醫療資源也最缺乏的南投縣中寮鄉。

爽文村位處內山，對外交通不便，居民以種植檳榔、香蕉和柳丁為主；村內沒有高樓，房子結構極為簡單老舊。

進入村內，司機告訴我們眼前所見狀似完整的房子都是二樓，原來的一樓都被壓在地面下；有些房子外牆雖沒倒，但裏面的隔間及樓板全都震碎了；有的樓倒壓毀車子，有的房子成了一堆磚土……

當醫療車進入爽文國小災民收容所，我心裏一驚——怎會這麼慘？學校裏沒有一間完好的教室，地板全都鼓起崩裂、樓梯傾斜倒塌……

災民的帳棚集中在操場，醫療站則設在操場跑道外兩棵大樹下，三個遮雨棚搭成臨時野戰醫院。小學生的課桌椅成了看診、置放藥物的所在以及傷口縫合的手術台；還有人搬來兩張床，作為病人休息和施打點滴的病床。

除了在爽文國小設醫療站，我們還兼顧內城村衛生室。那兒地震後原有日籍醫師支援，但一週後便撤回永平村；內城離爽文只有四、五公里，因客運停駛，就醫十分不便，於是我們每天早上有一組人前往內城駐診三個小時。

內城受災較輕，但居民仍不敢回到傾斜的屋內，由於衛生室安然無恙，便成了災民生活的重要空間。在那裏，我們遇見了鄉衛生所的護士。她說，中寮鄉的醫師很少，除了衛生所主任外，十幾個村子就只有五位執業醫師。平日就醫已經很不方便，地震一來，幾乎斷了醫療資源；有些平時就有糖尿病、高血壓、氣喘、消化性潰瘍的病人，地震過後病情更加惡化。

來看病的鄉民通常都是傷風、感冒、頭疼和皮膚癢等小毛病。有些阿公阿嬤每天都來擦藥，頭皮的小傷口訴說著土牆坍塌時從床上驚醒的無助，小腿的大片擦傷代表著倉皇爬出瓦礫堆時的慘狀。

除了為他們看病外，醫護人員也成了災民宣洩心中恐慌的最佳傾聽者。他們訴說著地震當夜的恐怖，泣不成聲地描述家破人亡的慘狀，眼神裏依稀可見他們對地震的驚懼和對未來的徬徨。

災區已經有緊急電源，醫療站不熄燈，便成了收容所裏溫暖的所在。由屏東前來支援的員警總喜歡在此小坐，聊聊工作；天色暗後，災民吃過晚飯，到溪邊沐浴完畢，很多人會來換藥，順便找人談談心。

鄉民們似乎對醫療隊夜宿災區很受感動，住在收容所也安心了許多。聊天時，他們問我們：「從哪裏來？」「花蓮，山的那一頭。」總教他們萬分感謝。

如同所有到過中寮災區的救援人員，結束服務後回到花蓮，兩隻手肘無可避免地增加了災區的烙印——小黑蚊的叮痕。時隔多日，那叮痕已經不癢，但紅斑依舊難消；相信九二一震災在我們心底深處，也應有著抹之不去的烙印。

夢裏，我又回到中寮好幾次了。

攝影／林鳳琪

撫慰心靈創傷

九月二十五日總統頒布緊急命令：
即日起六個月內全面賑災復建。
次日，政府成立「災後重建推動委
員會」，災區指揮系統漸趨統一，
民間團體也陸續進入災區服務。
上人慈示，當前重點是安撫居民
心靈及建設簡易屋；炊煮工作可
鼓勵左右鄰居自助互助，帶動愛
的氣氛，如此復原速度會更快。
志工分至學校、醫院、營區等災民
臨時住宿處探訪關懷；大愛電視
台從十月三日起為期兩週，每晚
在災區舉辦「用愛心建家園祈福
晚會」，帶給受災民眾溫暖。

九月二十六日起

救災重點從直接的物資援助，轉為災後心
靈輔導和家園重建。

帳棚裏的故事

撰文－何貞青

在東勢鎮臨時收容所裏，多數人都已正常上班、上學了，留著的大都是家庭主婦及老人。「比起死去的人，我們的遭遇其實不算什麼，人平安活著就好。」她們說。

經歷過生死，總是多了幾分豁達。不過房子毀了，必須和四、五百人擠在一個沒有隱私的空間，孩子們的夢魘、未來的不確定感……仍是她們無法不去擔憂的難題。

「沒關係，大家還年輕，咬緊牙根往前走就是了！」人們的樂觀很快渲染開來。志工拿出佛珠結緣，引領大家在佛號聲中尋找一分心安。

一位神情呆滯的婦女走來，見著志工們的身影，眼神一顫，靠過來只說了句：「謝謝！」就撲在慈濟人懷裏痛哭起來。旁人說，她的兩個孩子都在這次地震中往生了。

「我不相信孩子會離開我，我捨不

歷史回顧

921急難救助‧關懷與安頓

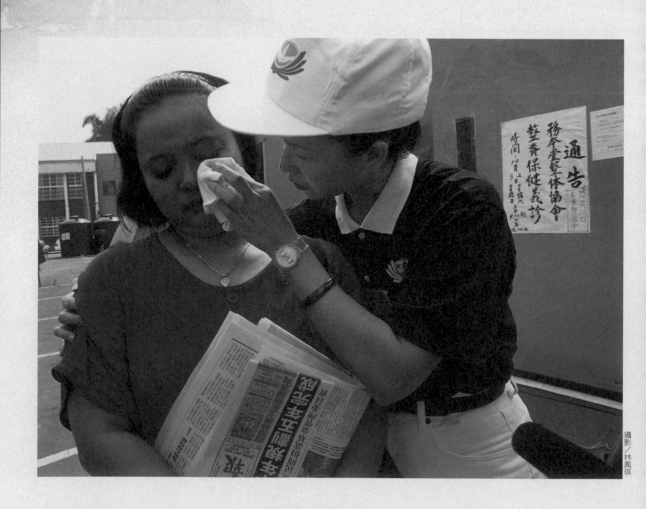

攝影／林鳳琪

得……他們走了沒人陪我說話，我好孤單、好寂寞……」婦人有些歇斯底里，志工疼惜地拍拍她，穩穩抱住她讓她哭個夠；即使自己也已淚流滿腮。

志工造訪每一頂帳棚，多數時候是傾聽，分憂災民露宿街頭的無奈；但有時也會驚喜發現，生命中希望的幼苗正在茁壯。

一個剛上國一的男孩，正在帳棚前的桌子上用功，對於周遭的嘈雜彷若無聞，他得趕著在天黑前做完功課。今天是復學的第二天，帳棚裏沒水沒電，只能利用太陽下山前一小段時間念書囉！

十幾天無法上學，他從不知道自己這麼想念在學校的日子。雖然好多教室都震壞了，有時得在操場搭棚上課，不過，「我不想到外面寄讀，我只想留在這裏好好念書。」他小心翼翼翻開一頁頁書本，那是他從坍塌的家中搶救出來的，以後媽媽不必再催他了，他會自動念書。

曾經失而復得的，會讓人更加珍惜，不只是他的課本，還有他未來的人生。

攝影／林鳳琪

搶晴天戰雨天

不忍受災民眾寄居帳棚或臨時收
容所，地震發生二十四小時內，慈
濟決定興建組合屋讓受災鄉親安
身，以面對重建的種種挑戰。
逾五萬人次海內外志工投入興
建，從灌漿到鋪設地下水管，組
裝鐵架、梁柱、屋頂、牆板與鐵窗
等工作，支援基礎工程。

九月二十八日～十二月二十八日

歷時九十二天，一千七百七十六戶大愛屋全
部完工。

攝影／林炎煌

幫受災民眾蓋房子

撰文－葉文鶯

「到南投蓋大愛屋，能不能去？」
「請等我一分鐘，我問問老闆。」
遠嫁台北二十年，谷關依然是張秀美的最愛，東勢鎮是她家鄉的出入口，因此，當新莊「博士的家」緊急救災暫告一段落，她選擇到東勢國中慈濟救災指揮中心當志工。

「大家都指著九九峰，說它變成大光頭……對我這個自小在山上長大的人來說，格外傷心！」

九二一震災後，張秀美向老闆請了不少假，不過，前提是她在生產線上的工作量必須特別賣力，「同一時間，人家做十筐，我做二十筐，才敢向老闆爭取假期。不能因為救災，而延誤了工作。」

張秀美和其他志工在凌晨四、五點從台北趕路南下。「到了南投，改乘貨車到工地，車後都沒有座椅，整路上蹦蹦跳跳的，我們都叫它『碰碰

攝影／蕭錦潭

車』。」

洗澡時，有人大叫「哇！冷水！」張秀美馬上想到有水洗澡、有屋頂和牆面遮蔽，已經很滿足了。

「記得九月二十四日在東勢，一位災民告訴我，每天晚上八點多下班，拿著手電筒到大甲溪洗澡，涼風颼颼，好冷哪！」

「晚上睡在工地的組合屋內，那時門窗還沒裝好，看得見天上的星星、月亮。我們每人拿了兩件睡袋，鋪在地上睡，風從門窗吹進來，頭冷、腳也涼，只好起身找襪子穿。可是三點多大家就都冷醒了，乾脆起來走走比較暖和。」

體會夜宿災區的涼冷，張秀美在白天鋪地板時，手腳更加勤快，希望及早完工，讓災民重拾家的溫暖。

回到台北的家，抱著棉被睡覺那一刻，張秀美真想哭。

正在后里服役的小兒子，也因九二一震災奉派到東勢林場抬運屍體。「他告訴我，有的弟兄抬得太累，甚至腳力不支跪倒在地，大家也常沒洗澡。不過有慈濟志工送便當

攝影／賴麗君

給他們吃，他還看到慈濟人幫忙家屬為往生者助念、入殮，白褲子都弄髒了。」

當兒子結束任務休假回家，張秀美馬上抱住他：「你幫罹難者，他們會感激你的。」

「若沒有加入慈濟，我大概不知道該怎麼安慰兒子。」張秀美說，很多人知道她兒子在災區抬屍體，都會問她擔不擔心？「我很有自信地告訴他們：『不會，因為我相信我的兒子做得到！』」

慈濟大愛屋 共1,776戶、21,705坪

住家		
縣市	地點	戶數
台中市	復興路戰基處	118
台中縣	東勢鎮林管處	50
	新社鄉東興路	22
	豐原市豐洲路	56
	大里市仁化路	283
	霧峰鄉吉峰西路	30
南投縣	南投市德興棒球場	164
	南投市文化路	52
	草屯鎮太平路	150
	集集鎮初中路	138
	集集鎮兵整中心	100
	埔里鎮西安路	106
	埔里鎮信義路	320
	埔里鎮中正一路	20
	國姓鄉長豐村	40
	國姓鄉福龜村	28
	國姓鄉乾溝村	16
	國姓鄉石門村	36
雲林縣	斗六市大學路	14

佛寺		
縣市	地點	戶數
台中縣	霧峰鄉萬佛寺	1
南投縣	草屯鎮廣輪精舍	4
	竹山鎮明善寺	4
	國姓鄉東方淨苑	4

其他		
縣市	地點	戶數
台中縣	霧峰消防隊	7
	和平鄉雙崎派出所	2
	東勢消防隊	9
南投縣	乾峰社區守望相助亭	1
	國姓石門臨時圖書館	9

大愛屋安身心

大愛屋的設計以「人性化」為考量，兼具環保及社區總體營造的理念。外觀墊高可防潮，同時避免水泥封地；建材兼具防震、防颱、防火、隔音和隔熱等功能；獨棟雙併式設計，每戶十二坪，三房兩廳一衛一廚房；前後有門，房間都有窗戶，以利空氣流通；每棟間距至少四公尺，主要巷道約十公尺寬；社區裏有活動中心、停車場、圖書室、兒童遊戲區等公共設施及美麗的庭園造景。

屋子裏裏外外盡是社會各界的愛心捐獻──瓦斯爐、瓦斯桶、電子鍋、熱水器、馬桶、洗臉盆等，以及塑鋼門、木門、門止、窗簾、信箱、報紙、防潮布、塑膠角浪板、水泥漆等建材。

慈濟也貼心致贈每戶流理台、廚房吊櫃、排油煙機及靜思茶葉，另外還提供先前各界的捐贈品，包括收音機、緊急照明燈、棉被、毛毯、礦泉水、泡麵、毛巾、米糧等；讓鄉親一搬進大愛屋，就有家的歸屬感。

> **災後第三十三天**
>
> 災民終於可以脫離餐風露宿的生活了。

攝影／林鳳琪

我住在大愛村

撰文-馮美禎

九二一當晚，我才從日本回來，迎接我的卻是崩毀的家園，與一張張驚恐、無助和無奈的表情。

當我站在黑暗中，看到小孩、大人鋪著薄被在地上睡覺，夜深露重，頭上還撐著一把傘……這一幕幕情景，讓我在回來路上做好的心理準備，頃刻瓦解。

接下來的日子，是生活在恐懼之中，擔心地震不知何時會來，在屋內沒有安全感，到屋外也覺得不安全。白天上班時，大家隨時都有跳窗逃生的打算；除了恐懼，還是恐懼……當夜暮低垂，便回到家附近廣場，睡在車上。直到借住同事家，才結束這近二十天餐風露宿的日子。

攝影／林鳳琪

攝影／徐明江

　　雖然老天爺讓我們的房子毀了，留下的只是負債，但我們也從中深深感受到慈善團體與各地善心人士的舉動是不凡的。我想，要我捐款是容易做到的，但如果要我像慈濟人一樣去當志工，我恐怕還無法做到。

　　知道可以住進慈濟大愛屋時，我深深為自己的幸運感到高興，另一方面卻又有些許不自在，是一種受之有愧的感覺。

　　雖然慈濟所建的房子不能與原來的家相比，但是讓我們能再有一個家，而且能遮風蔽雨，我們已經很知足了，更何況社區的環境及公共設施都遠遠勝過原來的家。

　　因此，我想向證嚴上人及全體慈濟人、土地提供者，說聲感謝，讓我們在這充滿愛與奉獻的地方，能繼續編織美麗的人生；也期望自己走出大愛村時，能學會奉獻與愛。

再造東勢客家庄

「『志工精神』是社會價值重構的催化劑。
經過大震，東勢鎮民更知福、惜福，
不僅社會價值重構，更進化到願意奉獻於志工服務。」
東勢鎮鎮公所社會課課長馬紀政認為，
這樣的新觀念，讓東勢鎮的社會秩序快速重建。

撰文-賴怡伶

在東勢耆老印象中，生命中的第一個大地震，是發生於一九三五年，震央位於新竹、震度七級的「關刀山大地震」，帶走東勢鎮二十八條生命。

然而，讓一般東勢民眾印象最深刻的，還是三千多個日子前的那一場「九二一」大震……

天地家園變色

凌晨一點半，大震襲來，猛烈地撼動房屋、拔斷道路、撕裂河山……數分鐘過後，熟悉的世界已完全不同。

劇烈的搖晃驚醒劉紀勝一家人。住家一樓前方的梁柱折斷、二樓走廊下斜，劉紀勝抱著小孫女、帶著家人，利用這個地震造成的斜坡匆忙破窗逃出，躲到附近空地。黑暗中，人影幢幢、哭聲不斷，全家人瑟縮在一起，內心充滿恐懼。

天亮後，一家人才發現住家四層樓變成三層樓，整排房子的一樓完全坍陷；時常見面的鄉親鄰居，有些卻成為冰冷屍體被運送出來，哭聲處處可聞，慘不忍睹。

當時東勢聯外道路與橋梁都斷了，外援進不來，宛如孤島；又有宣傳車廣播，上游水壩受損嚴重，恐怕潰堤，提醒大家注意安全……劉紀勝內心感到無比惶然。

「當時不知外界情形如何，以為是世界末日。想著未來該怎麼辦才好？尤其我是一家之主，要把家人帶到哪裏？……」

爬出危屋看見需要

居住在東勢「名流藝術世家大樓」的慈濟委員陳麗珠，二十日晚間臨睡前，心裏還掛念著白天為土耳其大地震上街募款，遭遇許多困難；睡夢中，突來的大震將她拋跌下床，屋內杯盤傾碎，倒下的衣櫃差點壓到她。

丈夫破門而入，將陳麗珠救出；一家人逃往社區中庭，才看到一樓嚴重毀損——梁柱歪了，某些樓面甚至傾斜搖搖欲墜……一家人死裏逃生，相擁而泣。

餘震不斷，沒人敢進屋歇息，許多人暫避到舊火車站前的空地。望著滿目瘡痍的震災現場，陳麗珠想到自己作為慈濟人的本分。

「我是慈濟人，在東勢鄉親最需要幫助的時候，怎能缺席！」她讓先生帶著女兒暫到安全之處，自己則上街尋找慈濟人的身影。

另一位東勢慈濟委員林愛珠，住家牆壁

水果之城，客家硬頸精神

東勢，舊稱「東勢角」，為台中縣客家人的主要聚落。

境內丘陵起伏，日治時代是林業重要集散地，設有大雪山林場、東勢林場、八仙山林場；七〇年代政府明令禁伐，對當地經濟衝擊不小；之後大量栽培高接梨、桃、柑桔、甜柿、葡萄等高經濟性果樹；加上位居交通樞紐，為周圍鄉鎮農產品集散中心，而有「水果之城」美稱，創造山城富甲一方榮景。

東勢地處車籠埔斷層及大茅埔雙冬斷層帶上，自古多地震災害。九二一大地震造成東勢鎮三百五十八人死亡，是全台死亡人數最多的鄉鎮，有近萬戶房屋全倒或半倒。災後通往梨山的路線中斷，加上青壯人口外流，使東勢經濟盛況不如往昔。

每逢夏秋之交颱風季節，介於大甲溪與大安溪之間的東勢鎮溪水暴漲，水患、土石流災情時有所聞。二〇〇四年七月敏督利颱風帶來豪大雨，釀成嚴重土石流，再度重創東勢鎮。

五年內連續遭逢兩次災難，一再摧毀東勢人的家，卻也更激勵出他們身上潛藏的客家硬頸精神。東勢先人飽受戰亂、饑荒，離鄉背井來台定居，在偏遠山區開墾、建設家園；以節儉、刻苦、勤勞的生活，孕育出特有的客家習俗與文化。

時代變遷，客家精神卻沿襲至今。一次又一次，讓他們勇敢走出受災陰影、努力完成家園重建。

攝影／徐振富

被震裂，她和家人逃出，前往河濱公園避難，看到許多人受傷流血。

「前幾天我才將家裏的急救箱補足。地震後停電且餘震不斷，大兒子做了個危險但勇敢的決定——奮不顧身跑回住家二樓找出急救箱……」

林愛珠為輕傷者擦藥，兒子則騎摩托車載重傷者去醫院，母子倆相互補位。「遇到這種情況，大家都是相互幫忙。」

災區幅員廣闊，受災情形嚴重。鄰近的大甲、后里、豐原等地慈濟人得知災情後，排除萬難摸黑趕來，成立救災中心，為受災民眾烹煮熱食、提供生活物資……

陳麗珠和林愛珠放下驚恐、拍去身上塵土，很快加入慈濟服務鄉親的行列。

承擔嚮導和客語翻譯

天亮後，劉紀勝聽說社區廟裏有人提供熱食早餐，便前往排隊領取。站在等候隊伍中，他心情複雜：「家境尚可，為何今日淪落在街頭排隊，只為溫飽？」

慨嘆一家人的際遇，又見一群志工正忙著為鄉親張羅熱騰騰早餐，引發他的好奇心。他詢問志工從何而來？聽聞大多是從外地摸黑跋涉而來，他深受感動。「他們這樣奔波，只為了即時提供熱食、安撫大家的心。我是否也該付出？……」

他將家人安置在岳父家，並回到下新里殘破不堪的家，收拾能用的物品，將聯絡方法寫在紙板中，掛在窗前告知家人平安。接下來幾天，慈濟人在社區發放便當及物資，同時穿梭大街小巷膚慰災民，劉紀勝自動承擔嚮導和客語翻譯。

東勢地政事務所在地震中倒塌，許多攸關重建的重要地籍資料都埋在廢墟裏；事務所人員頭戴安全帽、手拿採果籃，用最克難的方法將資料送出危樓；並且在倒塌的事務所門口搭建帳棚，為民眾服務。

在東勢土生土長的劉紀勝，擔任公職數十年，九二一地震發生時才剛退休半年多；由於熟悉公眾事務，他也協助戶政人員調查社區傷亡人數。

地震後四十四天，十一月三日，慈濟在東勢林管處提供的東興街土地上，動工興建五十戶大愛屋；動員一千四百多人次志工、半個月即完工讓當地受災民眾入住。

包括東勢在內，慈濟總計興建十九個組合屋社區安置受災民眾。劉紀勝參與了埔里、東勢兩地的大愛屋興建。大太陽底下滴著汗水，和志工並肩工作，看到許多外地志工推著手推車，來回奔跑於工地中，他很疑惑：「為何要用跑的？」

「這些志工告訴我，他們來東勢的路上，看到許多居民住在路邊帳棚，居住環境惡劣；因此希望加快重建速度，讓大家可以趕快脫離帳棚生活……慈濟人的尊重和感恩心，讓我更決定加入這個團體，為家鄉做點事。」劉紀勝說。

震出對家鄉的愛

災後，不少慈濟志工的家園也受損，但為了服務鄉親，他們數日不曾返家。這分熱忱感動了東勢居民，無論受災與否，他們慢慢收拾起絕望哀傷的心情，積極展開重建；許多人更投入志工行列，藉由服務鄉親安頓自己的心，在付出中體會自助助

攝影／許樂輝

人的快樂。

家住「東勢王朝」大樓對面的劉宜蓁，地震當晚眼見十幾層樓高的大樓瞬間橫躺路上，意識到災情慘重；她行走街上，觸目所及盡是悽慘狀況，人人面色凝重。即使自己未受災，仍感覺徬徨無依。

劉宜蓁來到慈濟熱食供應站，吃了一碗熱騰騰的湯麵，安定心神；看到等待熱食的民眾大排長龍，志工們忙不過來，她便自動留下來幫忙。

「慈濟人從外地來幫助我們，身為東勢人，我感恩自家未受災，看到鄉親受苦，有能力更該付出！」

那段時間，劉宜蓁幾乎天天和慈濟人同在，打雜、跑腿樣樣做，也拿著急救箱帶領志工穿梭大街小巷，幫忙傷者敷藥；發

不敵九二一強震威力，「東勢王朝」（上）應聲倒下；災後，在大家齊心努力下，大樓（下）遷址完成重建。

攝影／林炎煌

攝影／徐振富

九二一地震後，劉紀勝積極投身志工行列，服務鄉里；在他付出的背後，代表著一股客家人克勤克儉的精神。

放物資時，負責接電話、記錄便當數量、送達地點，親自帶路一一送抵。直到恢復上班後，她仍利用午休和下班時間，繼續到救災中心幫忙；興建大愛屋的工地，也能看到她的身影。

而東勢鎮民何銘欽，地震前有六位親人在五年間相繼往生，尤其兒子遽逝更讓他無法接受；他放下計程車生意，鎮日借酒澆愁。

九二一發生後，何銘欽家中平安，他得知慈濟志工從外地前來，烹煮熱食所需的物資有所欠缺，二話不說把家中的瓦斯、鍋子、食材等搬來提供慈濟人使用。

連續幾日，目睹非親非故的慈濟人為鄉親付出，為亡者助念、照顧傷患，並打理林總事務；他想到自己因親人往生一蹶不振，實在汗顏，決定投入付出行列。

他守在東勢王朝廢墟現場，和十幾個國內外救難隊共同奮戰，直到二十九具屍體全數被挖掘安置後，才結束了四十天的救援生涯。

受災當時那一碗熱騰騰的麵湯，是許多民眾心中最深刻的記憶。「東勢沒有為人所遺忘」的心靈膚慰，填補了不少人受創的心。

「當年，慈濟準備撤離設在東勢的救災

中心時，很多鄉親都在哭，覺得慈濟要離開大家了。後來我們成立關懷中心，繼續提供居民服務。」慈濟志工陳麗珠回憶。

為重建家園打拚

「災後即使有組合屋可住，那畢竟不是永久的家；大家都很想加快重建腳步，擁有自己的房子後，心情比較安定。」在地政事務所擔任義工的劉紀勝說，九二一過後，政府提撥金額供受災民眾辦理重建緊急融資，而受災戶原有房屋擔保借款部分，本金展延五年、利息延展六個月。

「不少人擔心災後五年紓困期一過，可能會發生無力償還的情況。然而，這樣的情形卻沒有發生；也很少聽到因房屋貸款壓力而走上絕路的消息。這就是東勢人的韌性！」

為了釐清地籍資料，讓民眾可以儘速展開重建，東勢鎮地界重測進度也加快，兩年內完成了一萬多筆。地政事務所主任陳炳烘說：「要感謝各地地政事務所的支援，調派許多人手來幫忙。我們的員工都是東勢一分子，地方有難，大家更能將心比心。」

家住透天連棟建築的劉紀勝，和七戶鄰居達成共識，推派代表請建築師設計房屋樣式、確認施工建材，到政府單位跑重建手續、尋找營造商……二〇〇〇年初夏，新居動工重建，資金也獲得政府提供無息和低利貸款，分二十年攤還。

「我們要感恩政府。舊居貸款剩下不多，政府概括承受，還提供低利貸款。我們現在一個月還數千元，生活節儉還能過。」劉紀勝說。

然而，仍有不少民眾面對新屋壓力、或未繳付完的舊屋餘款，壓力有如千斤般沈重。身為慈濟人，陳麗珠卻以平常心看待。她回到變成危樓的「名流藝術世家」大樓

二〇〇八年川緬災後，劉宜蓁偕同慈濟志工投入街頭募款募心；希望當年她所感受到的溫暖，可以同樣傳遞到川緬災民手中。

攝影／李金峰

攝影／蕭耀華

即使住家成了危樓，重建需要經費，陳麗珠仍捐出義賣花卉所得，為希望工程學校盡一分心力。

搬出家具，送給需要的人，暫時住進慈濟大愛村，在慈濟救災中心持續忙碌。

「大樓才落成一年半，梁柱和結構體卻在強震中損毀；若要修繕，每戶估計須花上百萬元。」儘管對於重建住宅的種種細節不甚了解，陳麗珠和大多數住戶卻有共識，要讓名流藝術世家大樓盡快重建。

「地震發生不久，就連政府都不知道該怎麼應變；重建事情千頭萬緒。但這都不能阻止我們想要重建家園的決心。」社區主委劉如林、賴賜玉與巫苓蓁，是重建過程中的重要推手。坐在新蓋好的名流藝術世家大樓交誼廳，劉如林侃侃而談。

身為「建築門外漢」，幾名委員會成員從跑政府單位、與銀行協商、選定建商設計師、修改草圖、督工等開始，深入了解、全程參與，並且將一切過程透明化，讓住戶放心。

「集合式住宅最難蓋，因為大家意見很多。但是只要合心就不難。上人說：『信己無私，信人有愛』，我們完全信任管委會。」陳麗珠說：「主委很辛苦，也很無私奉獻。我們的新房子是SRC結構，並獲得綠建築獎項。」

高標準的要求及動工的急切效率，正反映出東勢客家人刻苦耐勞、全心全意為家園打拚的重建精神。

家住東勢「龍之居」大樓的張英選和其他住戶，則放棄原地重建的計畫。「龍之居」的建築體在地震中受損嚴重，銀行不願承接貸款未繳清部分；大樓住戶認為原地重建不划算，寧可重新購買透天厝。

「最重要的是，在高樓經歷地震的感覺太恐怖！」所以張英選和先生決定靠自己的力量重建家園，親自為新家畫設計圖。

新家興建過程還算順利，政府也提供低利貸款。「雖然貸款至今還沒繳清，但是我們夫妻的工作都穩定，利息低也比較沒壓力。」張英選說。

堅韌靠己不依賴

災後至今，走在東勢街上幾乎看不到地震的痕跡，人與人之間也感受不到地震過後的陰影。然而，談起東勢這十年的轉變，劉紀勝有其個人的觀察。

「家園再造千頭萬緒，萬般辛苦難以向外人道。東勢人之所以能夠堅持走過，靠的就是山城客家庄的勤儉精神。」身為客家人的劉紀勝有生動的描述：「山上的人，鋤頭鋤下去，不知道何時能夠收成，所以克勤克儉、非常勤勞；他們日出前就開始工作，日落後還在田裏，終年無休。」

「只要有土地，種一些菜、買一些米，山裏的人再怎麼苦都可以過活。」劉紀勝表示，大家平常都習慣節儉生活，地震雖然震垮房子，但手中都還有積蓄、有力量可以展開重建，比較不會完全依賴政府。

「東勢民眾在災後認分認命，不抱怨資源不夠或抗議政府重建速率緩慢，而是選擇靠自己力量再站起來。相較於其他地方，東勢重建速度可說是相當快！」劉紀勝說。

數不盡感恩情

災後十年，東勢街上觀光興盛、房屋儼整，山裏處處種植著高經濟作物，鄉親們

地震無常的洗禮，震出了張英選（右一）對家鄉的愛，從志工服務中找到活出生命價值的動力。

攝影／徐振富

為震災重生感到驕傲。

東勢鎮鎮公所社會課課長馬紀政認為，各方的關懷和支援，讓東勢有浴火重生的姿態。「災後政府資金援助、民間團體在各方面快速補充，讓東勢人積極重建。而志工精神，也在東勢鎮播下了點點滴滴的善因種子。」

九二一大地震讓許多東勢人產生「人生無常」的棒喝體悟；十年內，東勢地區受證慈濟委員人數由原來的二十多位，成長四倍。

相對於其他地區，這樣的數量並不算多；但對於家業、事業一向勤儉執著的東勢客家庄民來說，這分情誼的擴展與延續，已屬難得。

東勢資深慈濟志工姚淑娥分析：「對家鄉的愛、對社會大眾關懷的感恩之情，在在促使東勢居民也一同付出。在東勢，許多慈濟人就是被九二一給『震』出來的！」

回溯當年慈濟服務中心撤站後，何銘欽就加入環保志工培訓，之後受證慈濟委員；至今仍參與環保、醫院志工等服務。

劉紀勝國小最要好的同學住在「東勢王朝」，因大樓倒塌而身亡，讓他更加唱嘆自己這條命是撿回來的，當善加利用；即使家園重建期間歷經種種考驗，也體會到人性的醜惡和善良，劉紀勝仍有數不盡的感恩之情。「地震讓我深刻體會『不知是明天先到，還是無常先到』，所以更努力把握當下付出。」

投入慈濟至今整整十年，劉紀勝目前擔任機動組，訪視、環保、公關樣樣來，是全方位的慈濟志工；任職國小的張英選，則承擔教聯會工作，在學校積極推動靜思語教學，帶領學生進行校外服務；劉宜蓁則擔任協力組長，人文真善美、醫院志工等，樣樣不缺席。

「『志工精神』是社會價值重構的催化劑。大震後，東勢鎮民更知福、惜福，不僅社會價值重構，更進化到願意奉獻於志工服務。」馬紀政課長認為，這樣的新觀念，讓東勢鎮的社會秩序快速重建。

■

放在桌上的一疊照片，常牽動劉紀勝最深的心情。即使十年過去，每當看到這組照片，當時的情緒、處境、感觸，紛紛湧上心頭。

一張張相片，盡是房屋坍陷的凌亂畫面；其中一張，拍出鋁窗內一張紙板上寫著：「我們現在很好，親友不要擔心。」這是劉紀勝在九二一大震後十數天，在東勢舊家拍下的照片。「雖然紙板寫著要大家不要擔心，但當時我的腦中一片混亂，想著面對眼前這番景象，倒不如就在地震中往生算了……」

曾經心情如此沮喪低落，對明天完全不抱希望。劉紀勝長吁了口氣說：「經歷這麼大的災害，十年內要平復很困難。現在只要聽到大一點的聲音，我就會想起那個天搖地動的夜晚；停車時，也會不由自主看看周遭有沒有電線桿，怕地震一來會倒下來。」

陳麗珠也說：「四川地震後，志工上街募款，許多鄉親捐錢時，想起九二一地震當時的恐怖、想到最需要時有人幫助，還

山城地標，東勢大橋

欖綠龍馬雕像蹲踞橋頭，微頷淺笑，歡迎各方來客，也讓歸鄉的東勢遊子倍感親切。

東勢大橋，橫跨大甲溪兩岸，串連東勢、石岡兩地。一九三三年日治時代架設鐵線橋，數十年來歷經多次改建，是中部橫貫公路的起點，也是山城對外的重要橋梁。

九二一大地震讓東勢大橋橋面隆起損壞，對外交通幾乎中斷。經過重建與修補，如今，兩方橋頭的龍馬塑像是藝術家楊英風先生所作，也是山城人心中重要地景之一。

走過大橋，已看不到十年前的地震痕跡。

主要幹道豐勢路沿路商家、店鋪繁榮熱鬧，和一般的台灣小鎮並無太大區別。但部分街坊簇新、洗石子牆厚重的學校風景，以及那些看來毫不特別的道路高度起伏……經過在地人指點，其實都是那場大地震的永久記憶，只在東勢人心中留存。

車行進入氣勢恢弘的石岡大壩，不能忽視右岸那面傾圮的壩面。光陰鏽蝕了它的鐵欄，飛來野草在皸裂水泥細縫中蓬勃長起，斷層將整個壩體騰高拉起約有三層樓高……

十年前，地震當時的破壞力量，在此凝結。

攝影／范庭維

是忍不住哭了……」

服務互助的精神，是他們這十年來免除憂慮的良藥。

「『人』這個字是由兩撇組成，看來像是相互扶助，但誰支持誰、誰協助誰，實在不知道。」劉紀勝在大地震後振作奮起，為東勢鎮付出，也走向了新的人生方向；他也為自己的心靈重建之路下了定義：「透過互助，脆弱無助的人，也能生起自助助人的力量！」

不向命運低頭

以小農經濟為主體的埔里受創嚴重，
重建之路既漫長又艱辛，有人放棄了、沈淪了，甚至尋短了。
然而，也有一群人雖然家園毀了、賴以維生的經濟命脈沒了，
卻展現出生命的韌性與樂觀的精神。

撰文－張月昭

往埔里的國光號走在中潭公路上，車過國姓鄉的大石鼓，往北山坑前進。

一位乘客搖醒同伴，興奮地說：「趕快看啦！這是觀賞六號國道最好的角度，很壯觀吧！以後直接走高速公路，可以節省一大半時間，就要跟這條舊路說拜拜啦！」果然，不遠的山邊一排數層樓高的碩大梁柱聳立著，托住相形之下顯得顫巍巍的細瘦路面，巨蟒般蜿蜒穿梭奔騰在寧靜邈遠的群山之間。

國光號繼續往前走，隧道在望；過了這幾個隧道，就進入了位居台灣全島地理中心的埔里盆地。

走在這段路上，每每令人想起《桃花源記》：「林盡水源，便得一山。山有小口，彷彿若有光，便舍船，從口入。初極狹，纔通人；復行數十步，豁然開朗。土地平曠，屋舍儼然。有良田、美池、桑、竹之屬，阡陌交通，雞犬相聞。其中往來種作，男女衣著，悉如外人；黃髮垂髫，並怡然自樂。」

看到路兩旁蒼翠的山巒，對照十年前大地震後的童山濯濯，已像是兩個世界。

桃花源一夕破碎

根據古史記載，四面高山環繞的埔里盆地原本是個大湖，先民由外地爬上高山向下俯瞰，映入眼簾的是碧綠色大湖泊，故埔里古名「綠湖」。較諸沿海與平原的住民，埔里先民更需翻越重重關山阻隔、歷經千辛萬苦，才能在此安家落戶。

在「九二一」之前，山城埔里彷彿是老天爺特別眷顧的一片淨土。位於亞熱帶的台灣每逢夏季總是風災頻仍，但地理位置得天獨厚的埔里，在中央山脈的崇山峻嶺屏障下，常可免於風災肆虐。

埔里盆地土壤肥沃，四周被數座山系團團圍繞，山與山之間無法橫向聯繫，每座山的主幹都是呈W狀縱向在埔里軸輻集中；因此埔里是高山蔬菜、茶葉、水果等作物及農產品的集散地，也是通往周邊風景區必經之地。

因道路迢遠加上隧道等關隘，使它對外交通受限。光到台中就需兩個多小時的客運車程，居民到外地上班就得離開家庭，因此留在當地的人可以說是比安土重遷的台灣人更加的「安土重遷」，也更加的務實知命。

以小農經濟為主體的埔里，土地是居民的生命之源。然而，十年前那個闃黑的夜晚，大地之母一夕變臉，殘酷地吞噬、翻

埔里鎮人口約八萬六千餘人，九二一地震後，慈濟志工在此地成長了三分之二；一個以務農為主的鄉鎮，人們要生活又要重建，還能積極投入志工服務，需要的不僅是毅力與勇氣，更需要一分堅持。

攪掉土地與居民賴以存活的一切，埔里盆地成了重災區，人間天堂頓成煉獄。

許多人經歷了痛徹心腑的喪親之慟後，精神心靈受到衝擊，還要面臨住屋重建、生計無著、生活秩序混亂，甚至子女教育的重整……每天眼睛一睜開，舉凡食衣住行的基本需求，樣樣需要重新張羅打理，種種難題彌天蓋地而來，扎扎實實地塞滿每一天。

重造綠色家園

十年了，受災民眾的生活被時間的巨輪挾持著不斷往前翻滾，多重壓力絞扭著每一個日子往前衝；「只能向前看」，是自我激勵的方法。

重建之路漫長又艱辛，過程中，有人放棄了、沈淪了，甚至尋短了。然而，也有一群人雖然家園毀了、賴以維生的經濟命脈沒了，卻展現出生命的韌性與樂觀的精神。

工廠半倒、三層樓店面和十四樓住家全倒的沈順從，在地震後對外通訊全斷時，立刻以車上的無線電向駱駝救難車隊求

援、通報慈濟台中分會。安置好家人，他就一頭栽入急迫且漫長的救災任務中。

他忙到沒時間回去探視老父和子女，和太太在車上住了兩個月，十幾天沒洗澡……一直到緊急救援暫告一段落，才回到工廠與家人團圓。如此拚命投入助人志業，是因為對「苦」感同身受。

窮苦出身的沈順從永遠記得受人恩惠的點點滴滴——小學時，每天帶著空便當到校，有位同學悄悄塞給他一顆饅頭的溫暖；繳不出房租，一家人在除夕夜被房東趕出門，好心鄰居借給他們雞寮棲身。當時，他還不懂「受人之恩，湧泉以報」，只因遍嘗三餐不濟、求助無門的辛酸，而立志決不向命運低頭。

小學畢業後，沈順從在鐵工廠當模具學徒，四十歲不到就開了五家模具工廠。但是不習慣做生意應酬、喝酒的糜爛生活，他便把公司一一結束掉，回老家埔里種茶，並開始研發各種簡易泡茶器具，讓不懂泡茶的人也能享受茶香。

當初為了買大樓店面及住家，沈順從向銀行貸了一大筆錢；才住兩年，房子就被震垮。不想參與大樓重建，他將產權賣出，結算下來待繳的本息仍是一筆龐大負擔。然而，當慈濟決定援建受災學校，他不僅捐出政府發給的房屋毀損補償金，還將自家工廠生產的產品拿去義賣，湊成一百萬元捐出來援建學校。

舊工廠受損輕微，沈順從用四張鋁片圍起一間臥室、後方的鐵皮屋充作廚房；直到一年後，他才租下隔壁的透天厝當廠房開始復工，臥室搬到樓上、廚房也經過翻修，已是名符其實的「住家」。

工廠復工後只夠「顧三餐」，熱衷義務為慈濟研發環保碗筷的沈順從，在取得妻子支持下，說服在台北當公務員的兒子回家接掌事業；一家人一起打拚了五、六年，才把銀行貸款還清，開始存錢買地、動工蓋房子。

「不擴張信用，有多少能力做多少事。」正是他從九二一血淚中換來的教訓。雖然重建進度緩慢，但熱愛發明、堅持環保護台灣的沈順從，卻因此圓了自己打造理想

一九九四年，道格颱風毀壞南投仁愛鄉翠巒部落房舍，慈濟協助遷村建屋。圖為二〇〇四年歲末，沈順從逐戶拜訪並送上棉被予居民。

攝影／顏霖沼

綠家園的夢想。

他認為重建不是把房子蓋好就好,而是要比原來的更好;豪宅若不能節能減碳,只能稱為花很大的「貴宅」,要節約好住的房子才是真正的「好宅」。

十年來,他處處用心觀察、請教專家,自己畫設計圖、自己找建材,將環保觀念融入其中;選用了歐洲已使用百餘年,可以隔音、隔熱、防火的特殊空心磚作牆壁,可以遮陽防颱的捲門式外窗……

沈順從的綠色「好宅」不需要冷氣,頂多電扇就夠了。一些朋友也效法他的精神,以環保綠建築作為九二一後向這塊土地贖罪的獻禮。

心安處就是家

無論何時看到曾完妹,她的一頭「薛斗」過的蓬鬆頭髮總是梳的一絲不苟,說話永遠細聲細氣、笑臉迎人。七十四歲的她,每天在慈濟埔里聯絡處忙進忙出,朝氣活力可不輸年輕人!

曾完妹的先生在埔里街上開油漆行,透天店面在大震中被隔壁倒過來的房子壓垮了,滿屋子庫存的油漆也全毀了。曾完妹在千鈞一髮間破窗而出,腳受傷流血卻不自知;只是慶幸老伴當晚回老家陪高年老母,兒子也陪媳婦回高雄娘家,一家老小都平安無事。

老伴終於找到她,欣喜發現彼此都沒事,就一起到慈濟聯絡處撬開電動門,取出鍋碗瓦斯爐等廚具,為受災鄉親烹煮熱食。一連煮了四天,連刷牙洗臉都忘記了,更不用說洗澡。一直到第四天傍晚,曾完妹才在外地運來賑濟的衣服堆中找出一套能穿的,乘著夜色到郊外溪邊痛痛快快洗個澡。

夫妻倆將原本置放農具的貨櫃清出來暫時棲身,白天忙於服務鄉親,晚上拖著疲憊的身體入夢,連店面要被拆除都忘了。慈濟大愛屋完工後,在大家好意勸說下,才離開貨櫃搬進組合屋。後來,她向哥哥借了一百萬元整修貯藏油漆的倉庫,就搬進去住。

倒掉的店面,兒子向銀行貸款後重建,曾完妹建議他賣掉,不要背債。「很多人在瞬間就過世了,而我們只是財產損失,且還好沒負債。」

老伴問她:「油漆行要不要重新開張?」曾完妹說辛苦大半輩子了,賺世間財不如賺功德財,做慈濟不需要花什麼錢,日子簡單過就好。

經歷過大災難,曾完妹覺得身外之物再多,都不如平安快樂重要。

■

十年磨難,在受災民眾的生命中,究竟累積了什麼樣的精神或力量?沒人能具體說清楚;只知道,最大的收穫就是學會從災難中站起來,絕不向命運低頭!

受災民眾以親身經歷累積的人生智慧與生活哲學現身說法。從他們身上以小見大,對現今因金融風暴而經濟困難者、或莫拉克風災而陷入苦境的鄉親,願能提供些許借鏡。

撰影：黃筱哲

堅持菩提道

撰文－儲郁芬、張月昭

陳忠厚

四間房子全倒，

他努力了幾十年的血汗毀於一旦；

重建貸款不可不借，

孩子的學費、生活費不能沒有，

財務上的困窘壓得他們喘不過氣來，

志工這條路，他們該選擇放棄或繼續前行？

大震過後的除夕夜，紅聯墨字高掛門牆，活力炮竹震天轟隆大響；各家無不是盡興準備，雞鴨魚肉鮑魚燕翅，色香味美、樣樣都有。

但這一家式地與眾不同。他吩咐女兒帶回火鍋料，自己則買了點豆腐、金針菇；不久，妻子從鎮上賣完木瓜，蹣跚步履由遠而近……夕陽西斜，紅豔豔的彩光將大年夜加持的更喜氣洋洋；獨留這從富轉貧的一家人，守著火鍋湯，心感悽涼。

在苦難中證菩提

九二一大地震，震倒無數建築物、震碎許多家庭，更差一點震搖了陳忠厚對慈濟堅定不移的心。

投入志工將近八年，陳忠厚參與過國內外賑災、幫助過貧窮人家，卻沒想過有一天自己會成為受災戶。

家住埔里，集集地震將他努力了幾十年的血汗瞬間摧毀——四棟房子全倒；房屋重建幾百萬的貸款不

可不借，三個孩子的大學學費、生活費不能沒有，而他唯一的收入來源是種木瓜，根本緩不濟急。

雖然慈濟已開始援建組合屋讓受災民眾安身，但想到即將面對的財務困窘，夫婦倆不得不發愁。陳忠厚與妻子黃瑞年商量，是否辭退志工任務，全心打拚經濟。

沒想到隔一天，證嚴上人即約見他。當時，他住在帳棚裏，沒水洗澡，穿的衣服和襪子也回穿好幾次了，又髒又臭；想到進入台中分會要脫鞋子，肯定臭味難聞，他繞到附近便利超商，買了雙新襪子換上後，才去見上人。

上人關心埔里的賑災進度，也關心陳忠厚的生活。看見弟子眼中藏不住的憂慮，上人問他是否了解自己為何要受此等苦難？陳忠厚一時語塞，無法回答。

「劫濁亂時，眾生垢重……」上人語重心長地告訴他，承擔共業無非

是過往所帶的業種，當因緣成熟時，就會有現前的業報考驗需要承擔。「父母生你，無可選擇；但做慈濟，是自己選擇的。對你來說，『做中學、學中做』來不及了；現在要『做中覺、覺中做』，才來得及。」

細細思索上人的話，回家後，陳忠厚告訴妻子：「師父要我們在苦難中證菩提，菩提葉還是不要放掉吧！」

得到妻子的支持，陳忠厚繼續投身志工行列。每天，夫妻兩人早出晚歸，一個奮力救災，一個竭盡心力撐起家中經濟。

事業與志業並行

陳忠厚出生於窮困農家，從小就立志要改善家中經濟。從當兵入伍開始，他發奮圖強，專心研究農業相關書籍；退役之後，他說服父親將家中種植稻米的農田轉種經濟作物，終於漸漸脫離貧窮。

在全心拚經濟階段，陳忠厚又閱讀了各類書籍，並開始思索生命的價值和意義。

他表示自己心雖向佛門，卻不相信神明是「有求必應」的；埔里附近有許多道場，他遲遲沒有皈依，因為從小務農的他自有一套生命觀——所有的成果都必須經過努力，所有的努力卻不一定有成果。

一九九二年，為了探查花蓮木瓜市場，他抱著遊玩態度參觀了靜思精舍，這是他第一次見到證嚴上人。

陳忠厚說，他一輩子也不會忘記那一天——上人吊著點滴對大家開示：「怕無法出來和大家說說話，我就向菩薩求，請菩薩讓我身體的疼痛，可以分期付款來承擔！」

聞言，陳忠厚內心大為震撼——原來上人也會病、會痛，只因有過人的毅力及智慧，才可以帶領眾人做出那麼多不平凡的事。

當下，陳忠厚覺得他終於找到生命中難以尋覓的宗師，於是便在心中發願，回去後要盡心盡力投身於慈濟。

進入慈濟後，陳忠厚時常去探望一位獨居的老婆婆，老人家只知道常來關懷她的人在種木瓜，許多年過去了，她一直不知道這位好心人的名字，只管叫他「木瓜」。為了討老人家歡心，陳忠厚也樂意自稱「木瓜」，最後大家都直接叫他的綽號「木瓜」。

一九九三至九四年間，是陳忠厚栽種木瓜的黃金時期，收成好的時候，一年收入可以維持三年支出；且木瓜不用花太多時間照顧，就算將時間都拿去做志工，也不必為金錢擔憂。

陳忠厚心有所感地表示：「以前我覺得身為一位農夫，對社會的貢獻

十分渺小；投入訪視工作後，看到照顧戶露出笑容，或經濟有明顯改善，才發現只要一點點的付出，就可以幫助許多人遠離貧窮、脫離悲苦。」

匹夫之勇徒勞無功

一九九四年，道格颱風造成南投縣神木村重大傷亡和財產損失，陳忠厚在第一時間就抵達了災難現

場。面對地層大規模的滑動和走山，他第一次有種無能為力之感。

勘災報告時，他因無法向上人提出一個具體的救災方案而感到挫折。上人慈悲地說：「沒關係！明天我會一起到現場勘災，回來再討論如何幫助災民。」

事後，上人指示，如果災民願意遷村，政府也可以無償提供土地，就幫助他們蓋房子，「該做的事，我們就要做，不要擔心錢的問題……」

聽到上人這番指示，陳忠厚內心感到十分震撼，因為那是一筆龐大的負擔；但同時，他也見識到一位大智慧者在面臨大災難時，是如何用寬廣的格局和胸襟去思考，並做出智慧的判斷與抉擇。

領悟的這一刻，陳忠厚思考著，如果不受證為慈濟委員，難免存有「一腳在門內、一腳在門外」的觀望心態，就無法持續成長。當下，他決定要成為一位慈濟委員。

一九九六年賀伯颱風來襲，他憑著救人第一的念頭，奮不顧身前往受災最嚴重的信義鄉神木村。事後，上人擔心地說：「人家都往外跑了，而你卻往裏衝。」

幾次參與海內外賑災，他累積了寶貴的勘災、救災經驗，發現除了周

攝影／朱國財

從國內賑災到國際人道救援，陳忠厚體悟到救難者應有的悲智雙運。圖為陳忠厚到緬甸勘察二〇〇八年納吉斯風災後，農田復耕情形。

詳的事前規畫、現場的指揮運作及組織動員協調，以及如何發揮團隊精神和學習配合他人的腳步外，更需要注意自身的安全。

「否則單憑莽撞的匹夫之勇，即使能於第一時間抵達災難現場，也可能會『英雄無用武之地』，或成為別人操心的對象。」陳忠厚體悟到救災者應有的悲智雙運。

他曾生動地譬喻，身為慈濟人，若無參與訪視濟貧工作，就像吃飯沒吃菜一樣；若參與國內賑災而沒參與國際賑災，就像吃了沒加鹽的菜，沒辦法體會箇中滋味。

助人，讓他度過難關

十個年頭眨眼而過，銘心的苦痛卻無法如過眼的雲煙。

重建之路波折重重。陳忠厚表示，最沈重的負擔就是貸款；這天外飛來的一筆龐大債務，對一般人而言都顯吃重，更何況是靠天吃飯的務農人家。

「一旦收成不好，繳不出貸款，銀行第一個月催繳，第二個月寄存證信函，第三個月就將房子移送法院拍賣了。埔里地區，被銀行斷頭的人不少，除了信用破產，連房子也沒了。」

災後前五年，是陳忠厚一生中最煎熬的日子；因為他背負了六百萬的貸款，直到現在還在償還中。

「為了減輕家中負擔，大女兒偷偷休學去打工，糊里糊塗刷了幾十萬元信用卡購買直銷產品，產品銷售不出去，當然得自己負擔。」面對這屋漏偏逢連夜雨，陳忠厚只能借錢為女兒還清卡債，他咬牙告訴孩子：「你們只管好好讀書，天塌下來，有爸爸頂著。」

地震後，接連幾年遭受風災的侵襲，讓埔里鄉民的情況更是雪上加霜，陳忠厚的困境不言可喻。「倘若沒有繼續慈濟志業，我想我會放棄自己的生命。幸好，我把時間精力用在濟助別人的苦難上，才沒有空胡思亂想。」

擔心九二一災後的自殺潮，促使陳忠厚遍訪大愛屋，撫慰受災民眾的情緒。他以自己的經驗分享道，「雖然我們住的只是十二坪的小木屋，但可以調整為住進七十坪房子的心境。」引導他們不要活在沮喪中，當積極尋求希望。

如今，陳忠厚的三個女兒都已大學畢業，踏入社會工作；他感激上人當年的及時提醒，讓他沒有放棄助人的志業，度人度己，也度過了自己的難關。

蒼勁深山百合

撰文-林瑋馨、陳穎茂

地震後,他失去了一雙腿、離開了工作,

回到連郵差都難以送信的深山老家,

直到失去生命最後的依靠。

寄情園藝、在失敗中學習,讓他打開了禁錮的心,

就像一朵隱匿在深山裏的原生百合,

驕傲地挺直腰桿,努力綻放出最美麗的姿態。

陳水合

「一個手腳健全的人,要搬動一盆盆栽,只要花幾分鐘時間;而我卻需要花十倍的力氣。

不過,除了身體不便,我不覺得自己和別人不一樣;我還能做事,比很多人都幸福!」

坐在輪椅上,陳水合黑亮的眼睛筆直投向遠方,就像一朵隱匿在深山裏的原生百合,堅強努力綻放出最美麗的姿態。

■

回想那一天,一九九九年九月二十日晚上,在熱水器生產公司上班的陳水合,從公司加班回到家,已是深夜十一點多了;他拖著疲憊的身軀,就往客廳躺椅一躺。

才入睡沒多久,整個家突然上下、左右劇烈搖晃;還來不及反應,一面牆轟然倒向他,壓得他動彈不得。

折騰到清晨六點多,在劇烈的痛楚中,陳水合被鄰居送到署立南投醫院,又輾轉送往台中中國醫藥學院附設醫院,緊急進行脊椎手術;歷經五個多小時後,手術終於完成。

當麻醉藥褪去,陳水合見到從中寮老家急尋而來的父親,絲毫沒有劫後餘生的安慰或驚喜,因為他發現——自己的下半身已毫無知覺。

劫後餘生的茫然

為了及時提供受災民眾援助,慈濟志工進行地毯式的普查,帳棚區、醫院是必訪之地。震後約一個星期,慈濟人在病房中遇見了陳水合,致上急難慰問金,並開啟接下來每週拜訪的行程。

那年他三十五歲,個性內向、不多話,面對志工的關懷,多是靜默以對,由父親代為應答。

吃藥、復健、治療,占據了生活大部分的時間,父親成了他最大的依靠。渾渾噩噩住院四個多月,終在醫師宣判他「雙腳將不良於行」後,悵

然出院。

得知陳水合將出院返家過年，慈濟志工特地送來蛋糕為他祝福，並鼓勵他勇敢面對未來的日子。

家毀了，雙腿又失去行動能力，陳水合跟著父親返回深山中的老家。

衛生所派來復健師，每個星期到家裏為他做復健；父親也用盡辦法幫助他站起來——聽說米酒溫熱加鹽泡腳，可以活絡血液循環，就每天幫他泡上幾回；又在屋前大庭院ＤＩＹ製造了一座鋼管焊接的迷你雙槓，鼓勵他忍著痛苦，復健雙腳。

但整整一年多，還是沒有多大進展。陳水合傷心地想——我這一生就這樣完了嗎？

二○○三年三月，操勞過度的父親突然昏迷，一星期後即溘然辭世。

面對父親冰冷的軀體，陳水合的心一度空空蕩蕩。但是，他沒有太多時間耽溺於悲傷，因為接踵而來的喪葬事宜和生活瑣事，迫使他必須堅強。

以前，凡事有父親頂著；如今保護傘不見了，他才明白父親的擔子有多重！而這重量重得讓他不得不忘掉身體的不便，學著勇敢面對。

雙腿不良於行，嘴巴成了他對外溝通的重要工具；長期下來，改善了他怯於開口，甚至有些口吃的毛病。

大刀「耍」出桃花源

人變了，環境也改變了。

光禿禿的泥土院子，種滿了花卉與蔬菜，綠意盎然，生機勃勃。志工再度來訪時，還以為走錯地方呢！

應志工們要求，陳水合紮實「耍」出他的看家本領，證明眼前的一片綠意與豐收的蔬果，全是他得意的成果。

長短適中的竹竿前方綁著一支香蕉刀，這就是陳水合的萬用兵器了；舉凡除草、鬆土、挖坑、栽種或「端」著盆栽移植，這把「大刀」在陳水合的手中是如此得心應手。

推著輪椅，在幾無知覺的雙腿上蓋著圍裙，放著準備更換位置的大盆栽或準備澆水的水桶，一天的農務就在太陽升起的時刻開始了。

志工好奇陳水合是如何走上園藝這條路？他不吝分享地娓娓道來——

為了方便上班，過去他雖住在山下父親買的一棟三層樓房，但只要農忙時分，就不辭路遙，利用上班前的清晨和下班後的黃昏，返回中寮老家協助農務。

家裏空地多，陳水合閒暇時也跟著父親學種絲瓜。沒想到無心插柳，種下不久的絲瓜，就像童話故事裏的「桃太郎」，一下子就「蹦蹦大」，結實纍纍地掛滿棚架。自家吃不了那

攝影／張毓芬

為響應二〇〇五年美國紐奧良風災募款活動，陳水合搬出自種的盆栽義賣，受到熱烈搶購。

麼多，附近又沒什麼鄰居，只好任果實掉落；陳水合感到不捨，決定改植果樹、盆栽。這項業餘嗜好，不意會在地震後，成為他寄情的所在。

蒔花弄草打開心房

如今老家約七十坪大的土地上，種有三十多樣不同品種的花草，每一種植物都有「身分證」，而且名字詩情畫意，例如「天使花」、「日日春」、「飄柔」、「粉紅櫻桃」、「海洋之星」……其中又以「神祕果」種得最多。

神祕果又稱「味覺魔術師」，有著討喜的鮮紅外皮，輕輕咬破果實咀嚼後，就會像魔法師一樣，神奇地轉換人們的味覺，無論接著吃任何酸澀的水果，都能轉化成甜美的口感。陳水合向一位開設園藝的友人買來神祕果的幼苗，細心培育到它開花

結果再出售，以此收入維持生活。

園裏的植物，只要有人喜歡，他就割愛。可是，許多分送出去的盆栽，卻會因「水土不服」而被送回來。朋友納悶地對陳水合說：「奇怪，這些植物在你這裏美美的，一拿回家就變醜了！」

陳水合瞇著眼笑嘻嘻回答：「因為我吃飽閒閒沒事做，比較有時間照顧嘛！你們如果種失敗了，再拿回來換沒關係呀！」

其實，這條園藝路並不是一開始就走得很順利，陳水合說，他也是在失敗中學習，不斷累積經驗；碰到瓶頸就向朋友請教，從中他發現了訣竅，原來「每一種植物的照顧方法都不一樣」。

一盆盆綠意盎然的花草，不但打開陳水合禁錮的心，也讓他找到新的生命動力，以更積極的生活態度，

921梅花香自苦寒來

重新安頓自己。

坐著輪椅回饋付出

隨著電視媒體對他的報導,上山探訪的賓客愈來愈多,讓他擁有更寬廣的人際關係。

由於來訪人潮不斷,陳水合在小屋旁加蓋了一間簡單客廳。客廳裏,擺設一張書桌、一台簡易型瓦斯爐、貼有贈送人名條的冰箱和電腦。小屋只有三面牆,綠色植物從門簷垂掛而下,倍增雅致。

來訪客人進了客廳不僅要簽名,同時還得讓陳水合拍照留下「足跡」。陳水合指著牆上密密麻麻的照片和手寫的感恩詞,如數家珍述說這些年來慈濟志工留下的「腳印」。

如何將這些「簽名照片」貼上牆呢?陳水合說,低的倒是好貼,高的就要借助工具。他拿出兩根竹竿,開始為眾人示範——這回竹竿上綁的不是香蕉刀而是曬衣夾,將照片夾上牆面後,再用另一根竹竿代替雙手按壓平貼,就這樣一張張照片整齊地貼上了牆壁。

「自出院回到家,坐著輪椅,生活上有很多事情無法自己動手做。但是再怎樣不順心,時間還是不停地走著,明天還有明天的明天,依舊會來臨。不再讓愛我的人擔心了,要不要看到明天的陽光,是自己去決定的。儘管坐著輪椅,但我用我的雙手、我的經歷當例子,鼓勵更多人走出生命的低潮。」

這是陳水合貼在牆壁上表明積極面對生活與助人心願的大字報。他說:「九二一地震時,我受到慈濟人的關懷,現在我有能力回饋,要盡力去付出。」

除了捐出各種名貴花卉、盆栽義賣,二○○六年中國殘疾人藝術團抵台表演、二○○八年川緬賑災,陳水合都出席慈濟活動、贈花捐款,並在志工陪同下上街頭呼籲「平安的人要幫助受災的人」。

台中市政府舉辦街友關懷活動,他到場現身說法,講述自己如何省吃儉用,利用政府補助的四千元生活費,捐助印度洋海嘯災民等,鼓勵街友多行善。二○○九年八八水患隔天,他即打電話給慈濟志工,說要捐出自己的殘障生活津貼。

■

「請爸爸不要為我煩惱,我會照顧好自己。」地震過去十年了,當年來不及對父親說的話,陳水合告訴自己要用行動做出來。

一如綻放中的山中百合,陳水合驕傲地挺直腰桿,在曾遭九二一地震蹂躪的集集大山前,迎風搖曳,吐露芳華。

資料提供╱江月霞、李寶美、李瓊如

生命中兩次大震盪

撰文-施金魚　照片-潘麗娘提供

三十歲那年，意外奪走了她用心經營的幸福家庭；

四十歲那年，地震搗毀她賴以安身的家園……

人生路上的大風大雨，

幾番將她吹落谷底，

她跌倒再爬起，立穩腳跟，一步步踏上康莊大道。

潘麗娘

為了和妯娌輪流照顧婆婆，三十歲的潘麗娘挺著六個月的身孕，騎著機車，在台中、南投兩地奔波。

「快回來，你先生跟孩子出車禍了！」接到電話，她不知道自己怎麼從台中騎回南投的，一路上腦袋閃過無數個可能的畫面，但結果還是出乎意料──抵達醫院時，先生已往生，四歲的兒子頭顱破裂正在開刀搶救；她無法相信，先生騎車載著孩子外出用餐，因視線不良，撞上停在路邊的貨車，人就這樣走了。

四個月後，未及見到父親的小女兒出生；傷痛掩蓋了迎接新生命的喜悅，她懷著破碎的心，帶著三名稚子回到埔里老家。

母親年輕時即因病往生，小小年紀的潘麗娘就需姊代母職，做家事、照顧弟妹，還要下田幫忙，日復一日辛勤工作。結婚後有了幸福歸宿，不意才短短六年，先生就撒手人寰。

她利用忙碌的工作填補心靈空缺，靠著彩繪外銷玩具，才讓恍惚的腦袋暫時有了專注的時刻。只是夜深人靜時，內心就禁不住吶喊：「人生為什麼這麼苦呀？」

絕望沮喪日夜啃蝕她脆弱的心靈，每當掙扎於輕生念頭之際，孩子們無辜可愛的模樣，總會適時浮現。她知道，自己走了，這個家就散了；「孩子沒有父親，不能連家都沒有」，這樣的心念支持她度過生命的苦難。

有一點能力就盡一點心

匆匆十年已過，歷經了生命中的大震盪，好不容易日子逐漸平穩下來，卻發生了九二一大地震。

住家被震倒了，潘麗娘再度陷入徬徨無助中，只好帶著三個孩子投靠父親和繼母。十口人同住一個屋簷下，生活亂了步調，一切都需要時間調適；夜半，壓抑不住的悲傷襲來，潘麗娘只能躲在棉被裏大哭，讓

潰堤的淚水帶走心中的苦悶。

慈濟志工走訪災區，了解她的情況後，建議她申請人愛屋居住。菩良的她卻回答：「還是把機會讓給更需要的人吧！」志工再三勸慰，她才勉強接受。

潘麗娘平時靠著賣一個五元的車輪餅，來維持家計和房貸。住進大愛屋後，聽到慈濟要辦活動，她即暫停營業，製作四百個車輪餅要和大家結緣。志工和她商量，由她出工，大家負擔材料費。她卻說：「我還有這一點點能力，就讓我盡心好嗎？」

工作之餘，她也到慈濟環保站做回收、到兒童成長班幫忙煮茶水，把握機緣參與慈濟活動。

二〇〇一年，女兒考取慈濟技術學院，潘麗娘陪伴女兒到花蓮辦理就學報到，而住在精舍。參加志工早會時，看見證嚴上人談到美國九一一事件時一陣哽咽，她也不自覺掉下淚來。感受到上人的悲心，潘麗娘的內心無比寧靜；這一趟花蓮行，她做慈濟的心念更加堅定。

每次慈濟活動結束，聽到「誠心祈三願」那一聲聲「佛陀啊」，她便淚流不止；歌聲中，她找到了傾訴的對象。有時為了給自己打氣，她也會唱這首歌，聲聲祈願中，總會讓消沈的意志再度昂揚起來。

三年後，住家重建完成，潘麗娘卻

雖然身上背負著經濟重擔，潘麗娘（中）仍把握參與志工的機會，從付出中體會「幸福」滋味。

背負著沈重的貸款；加上孩子們正值求學階段，經濟壓力讓她得拚命地工作——上山種高麗菜、下田割水筍，只要能多賺些錢，她不怕吃苦。

做事的手是最美麗的手

二〇〇五年，在志工的鼓勵下，潘麗娘參加慈濟委員培訓；雖也曾因

為經濟壓力，內心幾番掙扎，終究還是突破難關，受證成為慈濟委員。

這一股力量，她仔細思量，在「問心」的歌詞中找到了答案：「我曾反反覆覆地在追問，什麼是慈濟的誘因？經過那靜思的查證，一切善念來自善心……」

潘麗娘微笑時有一對淺淺的酒窩，即使人生不順遂，她總是微笑以對。本性純良、樂於助人的她，連看到路上的小鳥也會停下車來，將牠送到安全的地方。

身為單親媽媽，能體會當中的辛苦。潘麗娘參與訪視工作時，開始關懷一位離婚婦女，不但幫忙找工作，甚至為了能應徵離家較遠的工作，還把女兒的機車借給她用。對方感受到她的真誠關懷，常請教她各種問題，諸如申請社會福利、親子教育等，無所不談，這樣的陪伴一轉眼也過了四年。

訪視志工鐘雪娉讚歎：「麗娘有一雙最美麗的手，一看就知道是『做事』的手；她很有魄力，也很熱心，只是說話較直了些。」

以往，潘麗娘認為不對的事便「仗義直言」，對方難免覺得受到傷害。曾有人問她：「你是要做廖添丁嗎？」透過閱讀《慈濟》月刊、聽上人開示，她知道自己要學習「善解包容」、「理直氣和」、「口說好話」，改善直來直往的習慣。

潘麗娘靠著自己的雙手，辛苦撫育三個孩子，兩度獲得家扶中心頒發「自強模範母親」殊榮。

孩子們體會母親的辛苦，除了辦理助學貸款，也利用課餘時間打工賺取生活費。二〇〇八年大女兒技術學院畢業，還拿到護理系第一名以及全勤獎。雖然長年在外求學、工作，大女兒卻牢記母親的教誨：「做人要走正道，盡力去幫助別人。」這對於目前擔任護理工作的她，不啻是最佳座右銘。

■

走過半世紀的人生路，幾番風雨將潘麗娘吹落谷底，即使往前的路坎坷，她跌倒再爬起，立穩腳跟、一步步踏上康莊大道。

面對生命中老天給她的諸多考驗，潘麗娘漸漸明白——人生是一條修行的道路，那些苦難是她要修行的功課。如同她第一次到花蓮慈院當志工時，看到的一句靜思語：「做事要有赤子之心、駱駝的耐力、獅子的勇猛」，冥冥中似乎早已給了她面對苦難的力量。

撰影／黃熙彬

蕭阿純

解答

撰文－湯瓊淑

曾經，以為努力得來的幸福，理所當然常在；

豈料，地震剎那間瓦解一切，

一生積蓄所攢的房子倒了，

情緒滑落谷底，憂鬱上身……

她不斷地問：為什麼？如今，一切有了答案。

和許多人一樣，婚後的蕭阿純最大的希望就是能擁有自己的房屋，和先生、兩個孩子在屬於自己的天地裏安定地生活。

蕭阿純的先生擔任公職，在那個年代公務人員薪資算不上優渥，於是蕭阿純除了在家做手工，也到酒廠打工貼補家用。在有計畫的理財下，夫妻倆用十幾年來打拚的積蓄，買下生平第一棟屬於自己的房子。

兒女成家立業後，蕭阿純開始追求生活品質、講究生活品味，不但經常進出精品店，買東西也只管喜歡不問價格。她認為這樣就是幸福生活，也以為這樣的幸福會永遠持續下去。

無常，令人措手不及

「那一瞬間天崩地裂，門前馬路裂開，斜對面的房子也被震垮了……」蕭阿純住家附近的南投酒廠傳來爆炸聲，火勢延燒迅速，幾十公里外均可看見沖天的焰火，加上餘震不斷，讓人內心充滿著恐慌。

「我抱著六歲的子晴、母親抱著五歲的子倫，迅速離開屋子……雖然房子在地震中震毀了，但所幸一家人都平安！」蕭阿純的女兒洪韻雯慶幸地說著。

但當時的蕭阿純卻沒這麼想。「我們還有沒有明天？」她憂心地不斷問女兒。

九二一地震前三天，蕭阿純才剛添了第三個孫子，家中一片喜氣洋洋；不料遭遇這場無情的地震，好好的房子就這麼震毀了，她的心情像是搭雲霄飛車般，瞬間落到谷底。

無常來得太快讓她無法接受，茫茫然的未來，讓她不知何去何從。洪韻雯回憶：「遮風蔽雨的房子倒了，在帳棚裏過了整整一個月，那段時間常下雨，讓秋天的夜增添了幾分寒意，也在母親的心中埋下了憂鬱的種子。」

失去了一生積蓄所買的房屋，又因居無定所而投靠友人，在身心最脆弱的時刻，一段青梅竹馬的友情，又因誤會而畫下休止符⋯⋯遭逢一連串打擊的蕭阿純，夜夜失眠，嘴唇莫名上翻變形⋯⋯

原本就內向的她，變得更不愛說話，連面對家人也不肯開口；接著，吃不下食物，到最後連水都喝不下，體重在半年內從四十三公斤急遽下降到三十五公斤。

做了各項檢查，醫師都表示她的身體沒問題；最後，診斷出是罹患重度憂鬱症。

蕭阿純回憶：「那時常感到胸口又重又悶、會強迫回想一些舊事⋯⋯無法憑藉自己的意志力控制低落的情緒，甚至萌生自殺的念頭，連累一家人為我擔心。」

朋友看她被折磨得幾乎不成人形，幫她到廟裏求神問卜。當年五十八歲的蕭阿純，一向不相信怪力亂神，聽到友人轉述若不花錢消災解厄，可能活不過五十九歲時，仍然婉拒友人的好意。

關在房裏，不發一語

「看到媽媽把自己關在房裏，整天不發一語，我很擔心她的情緒一直低落下去，所以和爸爸商量，一定要帶媽媽出去走走，多與外界接觸⋯⋯」洪韻雯和父親以強硬的方式，帶著蕭阿純走出家門；她上車後竟對女兒說：「你們這樣是要逼我去死嗎？」

一路上，蕭阿純依舊不說話，連平日最疼愛的孫女在旁撒嬌，也不為所動。洪韻雯擔心若太過勉強母親，

照片／蕭阿純提供

大地震瞬間震毀了蕭阿純（右一）一生的心血，她為此患了憂鬱症，看遍醫師依然束手無策；後來藉由參與志工服務，「心病」竟不藥而癒。

萬一她真的做出傻事，後果不堪設想，只好處於妥協、卻步的狀態。

醫師囑咐家人，憂鬱症患者除了靠藥物外，家人的體貼、諒解和陪伴，也很重要；這些溫馨叮嚀一直縈繞在蕭阿純的先生心裏，眼見妻子日漸消瘦的身軀，藥石罔效，他著急又心疼，「如果不半勉強、半堅持地推她一把，全家人都要籠罩在憂鬱症的低氣壓下過生活了！」

但是，蕭阿純每次都用──「你們這樣是要逼我去死嗎？」這句話來阻斷家人的好意。

先生溫柔地對她說：「走向外界、多與人接觸，你的病情才有可能好轉；你不肯出門，難道是要全家人陪著你一起死嗎？」

就這樣，半推半就的情況下，蕭阿純再度踏出家門。起初最常去的是水里娘家，先生希望親人能帶給蕭阿純安定的力量；但她依舊不開口說話、不進食，不論老邁的母親如何苦口婆心地勸，始終不見好轉。

有一次，老母親紅了眼眶說：「歷經喪夫、喪子之痛，難道我內心所承受的煎熬還不夠嗎？現在還要我這白髮人送黑髮人……」這番話狠狠刺痛了蕭阿純的心肝。

她在心中吶喊：「為什麼是我？為什麼地震震垮了我的房子？為什麼讓親人為我擔心難過，我也不願意

啊！我就是心好煩，不想說話、不想出門……」

太多個「為什麼」沒有答案，只能無語問蒼天。蕭阿純再也忍不住而放聲大哭。

親情加友誼，還要靠自己

「如果你自己不試著走出憂鬱情緒，與外界接觸，就不再為你打點滴了，因為這樣的治療對你來說，根本沒有意義！」有一天，醫師以嚴厲的語氣對蕭阿純說。

這一語驚醒夢中人，蕭阿純警覺到此刻只有靠自己的力量，走出憂鬱的陰霾；便接受女兒為她報名的社區大學編織課程。

剛入學時，面對著一群陌生人，蕭阿純感覺非常憂慮，明知道要努力跨出一步與人接觸，但自卑感卻讓她見到人就掩住嘴巴；但是她上課很專心、認真，學得特別快，下課後同學都會來請教她。

同學沈青知道她有憂鬱症後，積極主動找她交談，甚至與幾個同學邀她一起去爬山；同學們的關懷，讓她備感溫馨，心情也逐漸平穩下來。

二〇〇一年間，蕭阿純無意間將電視轉到大愛台，聽到證嚴上人開示：「做環保身體好、做環保無煩惱。有人身體病痛，做環保而忘卻

結合教育宣導環保理念，蕭阿純於營隊活動中教導小朋友將環保帶回收，編織成可愛的飾物。

照片／蕭阿純提供

病痛，愈做愈健康；有人雙腳不良於行，做環保而逐漸能走路……」

蕭阿純覺得很神奇也很好奇，便持續收看大愛台。有一次，她又聽到上人說「一善破千災」，心想真的嗎？朋友邀她去求神問卜、消災解厄，一次都得花上三、五萬，而「一善破千災」，卻不用花一毛錢！

但要如何行善呢？蕭阿純想起，隔壁鄰居洪秀芳常穿著和大愛台上看到的志工一樣的藍衣白褲，原來慈濟人就近在咫尺。於是，她請洪秀芳帶她去做環保。

來到環保場後，蕭阿純不知從何做起，只會拿著籃子站在一旁。志工張筍熱心問候她，並指導她資源回收的技巧。一段時日後，張筍又邀請她去助念、訪視、募款，蕭阿純來者不拒，事事都積極參與。

沈青知道她投入慈濟，主動繳善款說要當她的第一個會員；同學盧貴妹不僅自己加入會員，還熱心介紹朋友加入，讓她感受到人情溫暖。也因此，社區大學的課程，她至今仍不間斷。

一向愛美的蕭阿純，因嘴唇上翻而感到自卑，洪秀芳建議她多念佛。「大約過了三個月，蕭阿純來問我：『你看！你看看！我有什麼不一樣？』我左看右瞧沒看出端倪，一會兒她才說：我的嘴唇好了耶！」

蕭阿純的母親經歷喪夫、喪子之痛，久久揮之不去；蕭阿純也帶著母親做環保，希望能幫助她擺脫憂鬱

的枷鎖。

洪韻雯說：「阿嬤接觸慈濟後，開啟了她的新生命，變得可愛又慈祥。記得有一回，她到台中慈濟醫院鋪連鎖磚，在大太陽底下，雖然滿頭大汗，卻掩不住一臉的法喜洋溢。當晚看著阿嬤帶著微笑，進入甜甜的夢鄉……」

失去有形屋，獲得無形財

有一次學手語，一曲「普天三無」歌詞：「普天之下沒有我不愛的人、沒有我不信任的人、沒有我不原諒的人」，震撼了蕭阿純的心，她主動造訪那位青梅竹馬的友人，兩人盡釋前嫌。

壓在心上的石頭落了地，蕭阿純如釋重負；此時卻得知友人罹患乳癌末期的消息，而她能做的，就是陪伴她走完人生最後一程。她更加明白凡事要學習放下、不計較，內心才能清淨又自在。

「若不是因為九二一地震、若不是因為罹患憂鬱症、若不是因為走入慈濟，我這一生何來這許多豐富的體驗？」蕭阿純善解說：「地震讓我失去了房子，卻獲得無形的法財，一生受用啊！」

談起第一次助念的經驗，蕭阿純笑說：「其實，我心裏害怕極了，口袋裝了艾草、平安符，硬著頭皮跟著大家去。起先，我盡量坐在後排，但張筍師姊早已看出我的不安……」

「後來，她再帶我去助念時，就拉著我坐在第一排，還叮嚀說要看看助念前後往生者的遺容有無不同。我邊念佛邊用眼角餘光看，覺得往生者好像在微笑；就這樣消除了內心的恐懼，從此以後就不再需要艾草、平安符了。」

訪視工作，讓蕭阿純見苦知福；環保工作，讓蕭阿純身心健康。做中學，學中覺，讓她揮別了憂鬱，恢復往日的開朗，看見希望的晴空。

■

在慈濟南投聯絡處的各項活動中，總能看到蕭阿純付出的身影；沒活動的日子，她也常守在聯絡處接待訪客。

多才多藝的她喜歡分享學習的成果與喜悅，有時做精油香皂、紫雲膏，有時做饅頭、桔子醬，與大家結緣；在聯絡處只要聞到一陣陣咖啡香，大家就知道蕭阿純來了。

二〇〇五年受證慈濟委員，上人賜她法號「心純」。蕭阿純說：「『心純』就是心寬念純。從前心中有太多的『為什麼』，如今都有了答案——心寬不傷人、念純不傷己，心寬念純就是美善人生。」

撰影／徐郁雯

總有重建完成日

撰文－游瑞婷

十年來，
要面對的不僅僅是有形的家屋重建，
還有無形的家庭關係重建；
雖然前路困難重重，
相信總有重建完成那一天。

林芳羽

記得十年前的九月二十日，我們還在為土耳其震災募款事宜開會。

那天傍晚，天空的顏色非常詭異，橘中帶著點灰，我心裏覺得悶悶的。回到家時已經十點多了，我跟先生說：「唉！上人告訴我們，發生在土耳其的地震，台灣不是不可能，我們要以福壓禍。」先生聽了不置可否。

沒想到，我洗完澡才躺下去，都還沒睡著，地震就來了！只見房間的衣櫥倒了下來，我趕緊閃開，和先生摸黑爬過衣櫃，來到婆婆房間。

婆婆被震到床下，嚇得發抖，嘴裏直說著：「天公要收人了！天公要收人了！」

白蠟燭與紅蠟燭

先生背著婆婆衝到外面去，我對著左鄰右舍大喊：「大家趕快出來！趕快往空曠的地方去！」

逃到河濱公園，婆婆還是一直發抖，我一邊安慰她，一邊想著：現在

該怎麼辦？耳邊不斷傳來屋瓦掉落的聲音，只見愈來愈多人湧向公園，大約一個小時後，我聽到一個熟悉的聲音：「有人受傷嗎？有人受傷嗎？」

「愛珠師姊，是你嗎？」看到她的當下，真的是喜極而泣！原本的不安也跟著消失無蹤。

得知愛珠師姊和她的兒子，手持藥箱為受災鄉親做簡單護理，我和先生也趕快衝回家拿出藥箱，加入他們的陣容。

我們提著手電筒，沿路問：「有人受傷嗎？」如果是小傷就當場處理，大傷則請人送去醫院。

就這樣折騰到快天亮時，聽到有人說：「王朝倒了」、「東豐大橋不能走了」……我不禁擔心起平日慈濟關懷的那些獨居長者，於是跟愛珠師姊說：「是不是趕快去探視一下那些老人？」

我們騎機車來到第一戶長者家，

921 梅花香自苦寒來

78

只見門還在，後面都塌平成一堆瓦礫，當下心都涼了，呼叫老人名字好幾次，都沒有回音。我們當場跪了下去，抱在一起大哭，真有一種「叫天天不靈、叫地地不應」的感覺。

再來到第二名長者家，依然是房屋全倒，沒人回應。直到抵達第三位長者家，才聽到老人從倒塌的土角厝裏，傳來微弱的聲音。原來，他躲在桌子底下，逃過一劫！

聽聲音辨認老人所處的位置後，我們即動手挖掘，鄰居們也一起來幫忙，終於挖出了一個洞，可以遞水給老人喝，安撫他不安的情緒；沒多久，救難大隊得知消息趕了過來，順利將老人救了出來。

凌晨，后里慈濟志工就出現在倒塌的東勢王朝大樓前。我們會合後，開始分配工作——煮熱食、勘災、關懷家屬……

我們這組來到大雪山林管處臨時停屍間，關懷罹難者家屬。只見地上擺放一排排的遺體，有的扭曲變形、有的眼睛睜開、有的表情猙獰，有的吐出舌頭，真的是什麼樣子都有……旁邊都點上一根白蠟燭，家屬就在一旁大哭。

看到家人死亡的慘狀，很多人都沒辦法接受，當場就快暈厥過去，我們趕緊攙扶住家屬，協助他們為往生的家人整理遺容、更衣等。

忙了一整天，晚上回到自來水廠旁的水泥地休息。睡前，見大家一排排躺睡，一樣點著蠟燭，我忍不住跟愛珠師姊說：「這邊和那邊有什麼不同？停屍間那邊是白蠟燭，這邊是紅蠟燭，不一樣的只是，那邊永遠不會再醒了……」講完，我們兩個又開始痛哭。

不知家搬到哪兒

東勢這次會這麼慘，原因之一是很多人住在土角厝裏，地震一搖，土角厝便崩裂壓死人。我們住的房子也倒塌一半，沒辦法再住下去，一家人開始過起顛沛流離的生活。

我忙著投入救災，一連好幾天都沒有回家；回去時，發現搭在自來水廠空地的帳棚不見了，心想：家人跑哪兒去了？

先生回來找我，一見面就破口大罵：「你忙到都不知家人死活！只會往外跑！自己的家人都不顧……」

我哭著問：「到底家人在哪裏？」先生不情願地說：「我們被趕到東勢高工了！」

不記得一家人在東勢高工的操場上住了多久，只記得有一天下大雨，草坪開始積水，有人廣播說：「這個風雨不會馬上停，帳棚區沒辦法再住人，請善心人士儘快捐車，協助帳棚區的人遷移到后里農場。」

一位住在附近的會員，聽見廣播，馬上趕到學校告訴我：「你們不用搬，我家有一個空房，可以整理出來給你們用。你們儘管過來住，不要再讓你婆婆到處奔波了。」

就這樣子，我們一家人結束了帳棚生活。差不多又過了一個多月，就搬進慈濟在東勢援建的大愛村。

二○○四年，敏督利颱風造成七二水災時，這位會員的家淹得很嚴重，小女兒一聽到，就主動說要去幫忙；可見──愛，真的是會循環。

選擇離去或重建

先生做裝潢，收入不錯，卻沈迷於賭博，且有了外遇。地震後住進大愛屋，情況變本加厲，我不堪彼此間長期吵鬧甚至家暴，選擇暫時離開家，也有離婚的打算。

在心情最低潮的時候，我遇到了生命中的貴人──明珠師姊。

她問我對未來有什麼打算？想到不管是有形的家園重建，或無形的家庭關係重建，都困難重重，我無法回答，只是一直哭。

明珠師姊告訴我，人因為「小愛」才有掛礙，「大愛」就無障礙；鼓勵我從小愛跳脫出來。

先生不肯離婚，為了求我回家，還表示要加入慈濟志工，也真的付諸

行動。於是，我回到東勢，努力調整生活節奏，希望能重新好好經營這個家。

但是先生好賭的習性不改，且愈賭愈大，家裏的經濟也因此被拖垮，導致重建後的房子和土地，不久就被查封了，直到現在我們還住在租來的鐵皮屋裏。

長期面對家庭的紛紛擾擾，兒子選擇離家出走。

我曾經問兒子：「願不願意回家？」兒子很認真地回答我：「不願意。」雖然我告訴他：「爸爸真的改變很多了，以前賺的錢全拿去賭，現在至少每個月都還會拿錢回家，你要給爸爸機會。」但是，無論如何兒子就是不肯回來。

我只能透過兒子的同學，知道他過得好不好？同學都說：「阿姨，您不用擔心，他把自己照顧得很好，也很懂得自我規畫，他只是不想回到這個家。」

我每天都會樂捐一個銅板，心裏默默發好願，為兒子祝福；我相信，總有一天，兒子會回來。

幸好，兩個女兒自小貼心，知道我辛辛苦苦賺錢就是為了拉拔他們，在完成高等學歷後，如今已在科技業、教育界貢獻所長。

921 梅花香自苦寒來

80

用信心面對未來

長期以來，這個家的經濟幾乎都靠我在維持。我當過美容院的店長，也開過個人美容院；地震後，曾到電子公司上班、做過美語補習班的行政。

為了要做好醫療志工，我和愛珠師姊特地報名去學習看護技巧，還請安養之家給我們實習照顧病人的機會。沒想到，這單純的付出心念，後來成為我求職的第二專長。

有一次，一位阿嬤對於自己被兒子送來安養之家，感到非常生氣。每次兒子去看她，她就一直罵，罵得兒子很尷尬；等兒子回去之後，她又難過得大哭。

我試著開導她說：「阿嬤，您很幸福耶！有的人雖然住在家裏，但家人卻沒有好好照顧；兒子把您送來這邊，一個月要花兩三萬塊，請人把你照顧得好好，您不是很幸福嗎？下次兒子來，您要記得感謝他。」阿嬤的想法終於被我扭轉過來，不再那麼埋怨兒子了。

母親節，我接到一通祝福的手機簡訊，直覺認為是兒子打來的，就回信告訴他：「母親節給媽媽的祝福，我收到了，謝謝你！我現在從事居家照顧工作，一星期只工作三天，其餘時間投入慈濟，忙得不亦樂乎！家裏

中區慈濟人醫會定期至苗栗卓蘭義診，擔任醫療志工的林芳羽總是耐心傾聽等候門診的會眾心情。

一切平安，祝你在外工作順心。」

雖然物質上我擁有的不多，但心裏上卻不再有悲與憂，唯一遺憾的是——兒子的離家。不過，我將對孩子的情，轉化為對其他孩子的愛。走入校園當大愛媽媽，九年來不曾間斷；在社區的慈濟青少班，擔任隊輔媽媽，七年如一日。

雖然事後回想，那通簡訊也許是曾經陪伴過的孩子送給我的祝福，但我還是寧願相信是兒子傳來的。

九二一大地震已經過了十年，你問我重建完成了嗎？我只能說還在努力中。

校園新生

走過克難重建歷程，
浴火重生的新校園，
用嶄新面貌告訴世界：
痛苦會過去，但美麗會留下！

攝影／林炎煋

撰文－黃秀花、葉子豪

那年，潘崇易的家被大地震震倒了，父母辛苦積攢買下的房子，貸款未付清便毀於一夕。父親受不了打擊，意志消沈，無法再勝任扛瓦斯的工作。

後來，潘家入住大里慈濟大愛屋，麻雀雖小，五臟俱全；接著，慈濟援建五福國小，使得潘崇易即使災後初期寄人籬下，生活仍逐漸回復平常。

目前就讀成功大學三年級的潘崇易說：「小時候，我很希望這一切只是一場夢，但事實卻不然，只好慢慢學著堅強……」

■

暗夜強震，造成全台一千七百多所學校受損，其中有近三百所必須重建；不幸中的大幸是，當時不是上課時間，教室裏空無一人。孩子們保住了性命，賴以學習成長的校園卻損失慘重。面對教育史上的空前危機，政府與民間團體迅速展開校園重建。

為確保災區不致因地震產生教育「斷層」，證嚴上人於震後一個月毅然展開「希望工程」學校援建計畫，以鋼筋水泥加鋼骨「超過勇」的堅實結構，搭配「校園綠化回收、設計依循自然」的概念，打造安全又充滿人文氣息的新校園。

「全國最美麗的校園在南投！」對地處台灣之心的南投縣民來說，這是一句令鄉親們驕傲，但絕對沒有誇大的話。十年後的今天，行在台中、南投間的主要幹道上，很容易就看見不同於以往的新建校園，尤其是山區裏的小學校，讓不少外地來的遊客誤認是精巧民宿。

在災後重建工程中，受損校園的浴火重生，可說是成效最顯著的一項；但這大破之後的大立，委實得來不易。

嶄新學習空間，擁有無限可能

不忍孩子們在克難的環境中求學，慈濟在百億經費募齊之前，就展開了援建五十一所學校的行動。為了打造千秋百世的校園，希望工程設計觀念超前，且建築師與師生展開對話，融入在地自然環境與人文。

教育部針對九二一災後校園重建提出「新校園運動」，慈濟「希望工程」的設計重視環保、綠化、節能與自然生態等觀念，與之不謀而合。

開放式校園打破與社區的距離，如桃源國小家長以往似乎被阻絕在高牆外，對子弟們的學校活動較少參與；重建後，經過總體營造的社區與學校形成良好互動。

換上新面貌的校園，建築風格各有千秋，卻都記取了強烈地震的教訓，大幅提升建築結構的抗震力；也一改以往中小學校園有如軍營、廠房的呆板面貌。

小學校舍擺脫了以往經費不足，逐次加蓋的「老背少」陳痾；國中校園則徹底改善了一九六八年推動九年國民義務教育時，為求速成、省錢，「百間學校一張圖」的缺失。

打破了制式設計的窠臼，嶄新校園雖然在設計規畫上多少帶點實驗性質，卻展現了學習空間的無限可能。成大建築研究所博士生陳凱劭觀察過多所重建學校後表示，這些新學校已為二十一世紀的台灣校

建築師及營造商承建慈濟希望工程學校的建築體，各校的景觀工程則由慈濟志工負責。慈濟投入數以萬計的志工人力，其最大效益不在節約經費，而是帶動社區居民一起參與學校的重建。

園建築立下了典範，「這十年各縣市新蓋的校舍，或多或少都向它們看齊了。」

合力「興學」，再現「公工」古早味

慈濟「希望工程」匯聚優秀且充滿熱忱的專業營建設計團隊，更有十四萬人次志工全力護持，承擔了所有景觀工程；志工們白天拚命趕工，晚上就在水泥地板上過夜，一待就是好幾個星期。

無所求、無怨尤的付出，帶動了許多社區居民一同「興學」。爽文國中校友鍾素瑋還記得，當初看到母校倒了，以為一切都完了！但等到慈濟來援建，又燃起了希望。身為瓦斯行老闆娘的她，就在志工進駐北中寮的校園工地時，免費提供瓦斯給香積組煮食。

年近七十的陳爽阿嬤，家住霧峰五福國小附近，當年看到志工們「相讓吃、相搶做」，於是也跟著去搬石頭、捧畚箕；雖然她謙稱「吃老揀嘸土豆」，但她每天騎著腳踏車到學校工地，把志工的棉手套收回家洗，車頭掛了一桶、後頭又綁著兩桶的身影，村民們可是記憶猶新。

煮茶水、送點心、搬連鎖磚，陳爽阿嬤

慈濟援建的希望工程學校，均以鋼骨外包鋼筋水泥的構造，建設校園的硬體建築。相較於在九二一大地震中化為斷垣殘壁的舊校舍，這種抗震係數大幅提高的新建築，不僅可在強震中保護師生的安全，必要時亦能充當社區的避難所。

憑著一雙粗糙老手，做得很起勁。她說：「這就叫『公工』，很有『古早味』呢！」本地村民與外來志工合作「興學」，再現了早期農村社會造橋鋪路時，全村自動集結做「公工」的團結。

已轉任鄉民代表、當時是東光村長的許慶華指稱，村民的參與，並不在為慈濟而做，其實是在幫自己忙。「小時候，村裏有什麼事，大家都會視作公共事務，主動出力，現在這風氣卻逐漸沒落……藉由慈濟志工的帶動，似乎又把大家的熱情找回來了。」

在簡易教室復課的師生，看著村民與志工汗流浹背為新校園努力，也利用課餘鋪磚、植草，對於環境與人自然生起珍惜與感恩的心。師長觀察發現，校舍啟用後，這批為重建付出過的孩子都懂得愛護環境，因此新校園不需花很多錢維修。

「慈濟不是有錢，而是孩子們的教育不能等。」豐東國中前校長、現已轉任大里高中校長黃立偉說，身為慈濟第一所動工援建的學校，他很珍

蔡嘉緯和廖祐祥是清華大學的研究生，畢業於南投旭光中學；見證母校從毀滅到重生的他們，以優異的表現，證明了九二一地震沒有讓災區的教育「斷層」，反而讓走過克難歷程的孩子，更懂得珍惜與回饋。

惜這分因緣；而從多次參與工程會議中，他也了解慈濟在沒經費下，就先答應援建，這樣的情操很令人敬佩。

黃立偉說，就因明白慈濟的這番苦心，所以在重建期，儘管環境克難，全校師生卻從無怨言，內心只有「感恩」兩個字；而不論在豐東國中或大里高中，每年校慶期間，他都會推動「感恩週」活動，藉由影片播放與回顧，來緬懷重建那段艱辛歷史。

「時間久了，舊生畢業又有新生進來，老師們也會汰舊換新，我希望藉此讓大家感受到，新校舍從無到有，是多麼不易，並進而生起一分『感恩』心。」黃立偉說。

克難歲月，淬鍊生命光華

「吃過苦」的孩童長大了，那段克難的歲月，不但無礙他們求學，反而淬煉出生命的光華。

「並非什麼都是理所當然！」就讀清華大學生醫工程與環境科學研究所的蔡嘉緯和廖祐祥，當年是旭光國中同班同學，目睹整個重建過程，更珍惜擁有的一切。

重建期間，常有外來團體辦活動，他們和另外六位同學合組「H8」團體參與演出；蔡嘉緯說，他從不會跳舞到有勇氣上台，把自信心都提升起來了。「如今，能跟著教授出國用破英文演講，也

是拜那段期間訓練出來的膽量。」

重建後，學校順利改制成綜合中學，他們得以直升首屆高中部，繼續使用新校舍，度過人生中最輝煌的三年。廖祐祥表示，師長都把他們當成「寶」，全力栽培；也因是指標性人物，所以他的書才會愈念愈好。

如今，兩人同在一個實驗室做研究，暑假期間甚至比平日還忙，因為只要母校一聲召喚，他們立刻就飛奔回來──帶營隊或跟學弟妹分享生涯規畫，只因他們對這裏的感情真的很深。

「十年後，重回五福國小，我感覺它變小了。」已搬離五福村的潘崇易，每年春節總會藉探親之便，再到村子和母校繞繞。

他依稀記得校門口有塊連鎖磚，是他親手鋪設且簽上名的，儘管經過歲月淘洗，字跡早已不復見，但那段深刻的記憶永不褪去。「村中的長輩慢慢衰老，但始終未變的，還是那股濃濃的人情和鄉土味。」

痛苦會過去，留下美麗

屹立幾十年的老校舍轟然倒塌，許多人的童年足跡也跟著灰飛煙滅。烈震的破壞，在多所學校的校史中留下了令人嘆息、感慨的斷層；許多屬於爸爸媽媽、乃至阿公阿嬤的校園記憶，只能從紀念冊及相簿中去追尋。不過毀滅後的重生，也同時開啟了校史的新頁。

夜幕低垂，華燈初上，南投縣竹山鎮延平國小依舊亮著幾間教室，等待夜間補校學生前來上課。

隨著教育發展及人口結構改變，因早年失學來上補校的長者愈來愈少，代之而起的是來自越南、印尼等地的新移民婦女，有些甚至抱著寶寶進教室；懷中連話都還不會說的小娃兒，很可能在幾年後，成為同一所學校的新鮮人。

清晨或傍晚時分，台中縣東勢鎮新社國小的家長接送孩子上下學，大手牽著小手，緩緩穿梭於綠樹和新校舍間；假日時，大人帶著孩子一起來打球、散步或遊玩，把學校當成社區公園。

「有位孩子在週記上向父母介紹學校的兩座假山，稱之為『感恩』和『包容』山。」前新社國小校長黃世忠說，那兩座山是重建時廢土回填而來，學校並未特別取名，但孩子卻有這樣的認知，實在難得。

他笑談當年自己因焦急校園百廢待舉，在聽聞證嚴上人到學校後方關心大愛村民時，以跑百米的速度衝過去求援，「上人，請您認養我吧！」情急之下說出的話，也正代表當時無數災區校長的心聲。而今新的校園堅實屹立，證明了「痛苦會過去，但美麗會留下！」

地震造成的苦難是折磨，也可以是啟示；是挫折，也可以是機會。回顧過往、展望未來，相信走過從前的每一個人，都上了生命教育當中，最寶貴的一堂課。

來自全球的愛

九二一大地震造成全台一千七百多所學校受損，其中兩百九十三所需要重建。

地震後，這些學校遷就有限的學習空間，以併班、輪流上課、借用他校教室或在帳棚、組合教室裏上課；若重建速度太慢，不但影響學生學習，將來對社會穩定也是一股潛藏危機。

證嚴上人表示：「教育，不能出現斷層。」儘管援建經費尚無著落，慈濟仍以「愛」來承擔，援建五十一所中小學。

海內外善心人士出錢出力，被援建學校師生和在地鄉親也發起募款、義賣等活動，點滴愛心匯聚成百億，讓世紀末毀壞的校園，在世紀初重建完成。

攝影／蕭耀華

你出料，我出工，他來買

撰文－黃鵬宇

「麥暝夢啊！一粒粽子二十元，怎麼可能賣到一百萬元？」初聽到高金鳳要義賣素粽籌募一百萬元捐給慈濟，有人這麼笑著問她。

自從慈濟展開希望工程，住在雲林的高金鳳心裏就打定了這個主意；乘著端午節即將來臨，她估算素粽每串二十個，一個若賣二十元，估計要賣兩千五百串，也就是五萬粒，才能湊足一百萬元。

不過，五萬粒素粽的材料成本及人工均是個大手筆。光是糯米即需五百多公斤、粽葉百餘斤、花生近千斤、香菇一百多公斤，還有素料、香料、沙拉油、瓦斯……成本耗資相當可觀。

幸好，北港鎮老人會館願意免費出借場地，許多廠商也來共襄善舉——像勝茂素食提供素料、慶芳煤氣提供瓦斯、協芳香菇行提供香菇、偉仁中藥提供藥膳香料……其他像粽葉、糯米、花生，也有團體或個人認捐，捐錢的也不在少數。

家族賣素食已四十幾年的李慶益表示，只要缺貨，隨時可向他拿，如果不夠，他還可以跟同行調貨。有時素料用得快，李慶益一天最多還曾送五、六趟，而且只要一通電話隨

攝影／林鳳琪

攝影／林水和

攝影／黃鵬宇

叫隨到，不禁令人讚道：「即使是用買的，也不一定這麼快就送來！」

為了表達感激之意，高金鳳在老人會館外牆張貼了發心贊助的名單，只見公告欄上密密麻麻寫滿了名字，不論是捐幾石米或幾斤花生，都是對希望工程的一分心力。

第一梯次義賣就來了近百位志工，其中多半是阿嬤級的。她們連續多日犧牲睡眠時間，天未亮就來幫忙，即使再累，也捨不得起身歇息。

原本擔心素粽魅力不及肉粽，但特殊醬料比例調製的素粽，口感相當不錯，加上志工們用心於每個製作環節，很多人都是一買再買，或是一次買兩、三串送給親友們品嘗。

有天傍晚下起傾盆大雨，義賣情況大受影響，志工陳如雪急忙抓起一堆素粽，往菜市場及北港朝天宮兜售。見媽祖廟旁停車場有十幾部遊覽車載著香客來觀光，她穿梭車陣上上下下，共賣了兩百粒素粽。有位遊覽車司機對她說：「感心喔！這樣賣真辛苦呢！」當下就買了一千元的素粽；路旁一位計程車司機，也刻意停下車來買了一串；有位香客則匆忙追上她，塞了一百元在她口袋，沒有拿素粽。

因為大家都知道這是愛心粽，不少人拿一串就付幾百甚至幾千；原本預計義賣四梯次，卻在第三梯結束，就已募集超過一百萬元了。

開啟希望藍圖

在慈濟號召下，二十六家建築師事務所投入希望工程設計。由建築師們充分發揮創意，融合學校發展需求、地區人文特色，展現愛與關懷的風貌。

大家集思廣益，達成幾項基本規畫理念：第一，希望校園是安全的——不論結構、細部規畫都按照相關規範設計，採用耐震防火的SRC內立鋼骨、外附鋼筋水泥的「鋼骨水泥結構」；第二，希望校園是美化的——讓人有所感受、能夠意會，以達到良好境教功能，即「無聲說法」；第三，希望校園是自然的、生態的、環保的綠色建築；第四，希望校園是有藝術、歷史、文化氣息，符合二十一世紀教學趨勢，更具百年教育前瞻性的環境。

攝影／顏霖沼

無色・無華

撰文-姚仁喜（大元聯合建築師事務所負責人）

九二一大地的震動，讓所有的人頓時覺得渺小而謙卑；而巨大的傷痕，也讓所有人暫時忘卻了自我，生起了同理心。我們事務所的志願團隊就是帶著這種心態，投入於建造臨時住屋的工作，以及後來這些學校的重建工程。

反省起來，這些案子對我們而言，由於謙遜和關懷，比起其他案子多了一種廣大的共同感、一種不分你我的承諾；而少一點的，則是在平時如影隨形，有時明顯有時暗含的自我表現、自我意識以及自我執著。

詩的交談方式

由慈濟基金會主持，我們參與的學校設計，在凝聚各方心力和共識的過程，又有什麼不同呢？

我們所經驗的過程，很像量子物理學家David Bohm在晚年提倡、近年來受到很多重視的「深度對話（dialogue）」。

Bohm 說明dialogue這個字的拉丁文字源，是由 "dia" 和 "logo" 組成，意思是「意義之流通（the flow of meaning）」。在很多古老的文化，如某些印地安部落，在涉及公共議題時，常用這種方式來凝聚共識。（註）

深度對話是一種凝聚共同意義，導致團體內的每一分子都會有共同方向的行動，而不見得必須完全同意行動背後的理由。我們所經驗的，就是類似如此的過程。我把這種用「深度對話」的參與過程，稱為詩的方式（poetic approach），因為它蘊含豐富的能量，常用的是直觀而不解析的體會，一種如詩的性質。

而另外一種參與過程，和前述的方式完全相反，由議題→意見和概念→議決方式→多數結論的過程，以辯論（debate，拉丁字義是「擊敗對方」）為工具，以邏輯和理論為根基；我把它相對地稱為政治的方式（political approach）。

詩的方式掌握整體；而政治的方式分割解析，花了許多力氣去整合常常變化又片斷的概念，是它的困境。這讓我想起有一次與MIT管理大師Peter Sange談話時，他提到他工作要探索的基本問題，就是在團體內集眾人之力所做出來的事，為何常常與智力的集合不成正比，結果甚至沒有一人同意？

因此，建築不能以試圖滿足「需求購物單」來完成，也不能藉由議題或理論的辯論來建立。我曾在一個公共空間設計聽證審查會上，看到規畫師慌張地拾取各方團體與專家所丟出來的「需求」，結果是一個沒有人滿意的大拼盤。

不僅「需求」片斷且多變，理論也

不恆常。我們常會為同個理論今天辯護，而明天難堪。新鮮的議題，常是自我意識的偽裝；但建築卻是人類文明少數長久相伴的事物，它必須經過歷鍊與沈殿，因此它必須超越片斷及分析，掌握整體及本然。

而要抵達這樣的境界，必須基於無私的心念，以不斷淨化、磨鍊、觀照乃至臣服的歷程，才能接近。跟隨著證嚴上人參與這些學校的設計，使我們靠近了這樣的歷程，也因此可以說明這些學校呈現出來的樣貌雖然平凡無華，但我相信，它會是雋永而貼切人性的建築。

完美的藝術創作

容我與大家分享十三世紀蘇菲教詩人Rumi的一首詩。基本上，他說的是完美的藝術創造，來自不斷地內在淨化自己，將「所有的色澤引導到無色」，然後，在這無色中，才能如無華的日月一般，創造出「雲氣斑斕壯闊的變化」。

這首詩將藝術創作與精神修持的關係說得非常清楚而生動，而且有一種「空間感」讓我特別喜歡──

攝影／林鳳琪

中國藝術與希臘藝術

先知說：
「有些人以我看他們的方式看我。
我們的本質是同一的，
不分傳承或血源，
我們共同暢飲生命之水。」

有個故事，說明了隱藏的奧祕：
中國人和希臘人曾經爭論
誰是較高明的藝術家。
國王說：

「我們用辯論來消弭這個難題。」
中國人開始侃侃而談，
但希臘人無言，逕自離開。
後來，
中國人建議國王各給雙方一室，
一展所長。
兩室相對而中隔一簾。

中國人向國王要求上百種顏料。
他們每天大清早就取走所有顏料。
希臘人不拿半點顏料，
「那不是我們工作所需之物。」
他們到房間裏，開始清洗抹拭牆壁。
日復一日，他們讓牆壁純淨清晰，
彷如天空一般。

攝影／顏霖沼

有一種方法引導所有的色澤到無色。
須知雲氣斑斕壯闊的變化
來自日月的無華。

中國人大功告成，滿心歡喜，
鑼鼓喧天，慶賀完工。
國王走進他們的房間，
被氣派的色澤
和精澤細琢深深懾服。

然後希臘人拉開了隔開兩室的簾子，
中國畫影的金碧輝煌
反射在無瑕的牆壁上，
生動地駐留，更加的華美，
而且隨著光線的推移轉動。

希臘藝術是蘇菲式的藝術，
他們不去研讀哲學的思考，
他們讓他們的愛念清明更清明。
沒有貪求，沒有忿恨，在純淨中
他們接納並且反照當下每一個形象，

從此處，從星辰，從虛空。

他們全然吸收，
彷彿他們的目光就是在觀看他們的
那輕盈的清明。

瞥見理想的可能性

　　兩年多以前，在一些清明的時刻，
思索事務所的遠景時，曾經有過這
樣的理想——

　　我們專心從事建築設計，外在抱
持著利他心念，把關懷和愛付諸行
動，因為建築與大眾是如此地關係
密切；而內在方面，藉由工作修持
一己之心，拋棄我們的貪念、嫉妒，
以及征服他人的欲望，輕盈而不執
著。

　　我想像，如果真能如此，那麼建築
師行業會有一個基本心態的轉換，
這會是一個寧靜的革命，一個心靈
的革命，它將完全改觀。

　　在慈濟認養重建區學校的這些案
子裏，我們非常感恩地，一瞥了這個
理想的可能。

（註）David Bohm, " On Dialogue"
「常常，族人圍繞成一圈。他們就是一直談，一直談，好像沒有什麼目的。他們不做任何決定，也沒有領導者，每一個人都可以參與。也許大家會
多聽一些較睿智的人或較年長的人的話，但每個人都可以發言。會議就這麼持續下去，直到最後也沒什麼特殊理由而停止，然後大家散去。
然而，從此之後，每個人卻好像知道如何去做，因為他們已經相當地相互了解，然後他們能組成小組來決定或做某些事。」

攝影／顏霖沼

特色工地人文

慈濟建築除了講究建物品質，更著重工地人文。一般建築品管分三級，為確保校舍堅固，希望工程品管分四級——第一級營造廠監工、第二級建築師事務所監造、第三級慈濟營建處專業人員、第四級慈濟建築委員。

慈濟志工以「關懷」為出發點，感動施作人員工作時，不食菸酒、戴安全帽、注重環境衛生，並倡導垃圾不落地及資源回收等；慈濟營建處同仁還特地技術輔導，使工地環境乾淨，減低工地噪音，避免干擾附近居民的作息。工程有品質、個人有氣質，工作人員因參與重建而創造出前所未有的價值感。

有「氣質」的工地

撰文-葉文鶯

「危險，勿近！」往往是大家對工地的第一印象，而被鐵皮、黃帶子重重圍起的工地裏，漫天煙塵、機具嘈雜加上鋼筋螺釘四伏，似把人推得更遠了。

慈濟希望工程之一──中興國中工地，外圍照樣有綠鐵皮、黃帶子，可是每天除了有社區媽媽輪流煮茶水，招呼工地人員呷涼外，校方也安排全校師生參觀工地，甚至邀請家長聆聽工程人員及校方講解工法和設計理念。

資源一把抓──模範回收站

家住台北三重的影視志工陳美玲，繼拍攝慈濟興建南投大愛一村後，接著又到中興國中拍攝校園重建；她借住學校宿舍，長期駐紮工地記錄進度。

「剛開始只想好好拍攝希望工程，可是錄影時老看到垃圾。」陳美玲和另一名志工將檳榔渣、剩菜飯一把抓，一位施工人員看見不禁問道：「慈濟究竟給你們多少錢，做成這樣？這麼髒你們也敢撿？」陳美玲解釋她們是無薪志工，並說明維護環境與資源回收的重要性。

「不要這麼辛苦吧！我跟大家講一下，一起來做嘛！」憑著這句話，工地門口設置了資源回收站，白底木板上鮮明的紅漆字標明紙類、塑膠、鋁罐、玻璃等，工整大方的標示全是營造廠太子建設工地主任葉武林親自書寫。

工地最常出現的垃圾，不外飲料空罐、寶特瓶和香菸、便當盒。自從大家約定做環保，有人利用下工順手將當天的垃圾帶至門口分類。綁鐵條的嚴先生說，在工地做事多年還是頭一次做環保。

中興國中訓導主任李枝桃，有天引領學生參觀工地並親自解說：「你們看，全國最有氣質的工地就在這裏！工程人員不打赤膊、不穿脫鞋，甚至還做環保。」

於是，學生乘著將回收物送到工地門口的當兒，也順手在感恩板上留下幾句慰勞工地叔叔、伯伯和志工的話：「叔叔，您辛苦了！要是我有飲料開水，一定拿過來給您喝。ㄍㄢ ㄅㄚ ㄅㄟ（加油）！」字跡歪歪斜斜、內容簡簡單單，讀起來卻頗貼心！

自行取用──養生茶水站

為了進一步達到垃圾減量，一方面也仿效過去工地「奉茶」的良好傳統，陳美玲借用教師宿舍區車棚一角成立「慈濟茶水站」，天天為工程人員燒煮茶水，鼓勵他們自行攜帶杯子或寶特瓶前來裝取。

「大家早，今天又要讓大家辛苦

了！請多多補充水分喔！這裏有開水、茶葉水，自己來用，也麻煩告訴其他人來喝喔！」陳美玲每天在擺放茶水的地方招呼著。

忙著鍋爐燒水、分裝、放涼、凍冰塊、做工地環保，陳美玲有時從早上五點多忙到晚上八點多，拍攝工地的任務突然變成次要了；開店的李容珠張羅三個孩子上學後，放著生意不做，一早也到工地幫忙。

直到社區媽媽加入，兩人才鬆了一口氣。慈濟委會員、學生家長、熱心的鄰居……大家湊在一起竟可以固定排班了，連中興國中老師也來幫忙掃地。

人手一多，茶水供應從白開水、茶葉水增加到青草茶、白鶴靈芝茶。李容珠笑說：「志工還研究養生茶，什麼顧肝、顧目睭啦！譬如前陣子工地在焊鐵，我們就煮顧目睭的菊花枸杞，陸續還煮七葉蘭、芭樂乾茶、苦瓜陳皮湯……」

隨著志工人數增加，服務範圍也在擴展——有人不時來探看茶水、冰塊是否充足，清洗茶桶、倒垃圾；有人把家裏的冰箱、清洗槽和桌子送來，或借來湯桶、勺子、鍋碗杯盆；快速爐也多了一個……志工愈想找事做，茶水站就打點得愈像樣。

誠意呷水甜——點心時間

「買了包薏仁，放了一個月沒時間煮，就帶到工地煮給大家吃。沒想到有人說：今天有點心喔！社區居民有人自動拿紅茶包、綠豆和砂糖來；接著就出現炒麵、鹹稀飯、蕃薯包……大家吃得很高興！」陳美玲笑說，煮點心的想法其實是無心插柳。

林頌阿嬤煮好大桶裝的鹹粥，中午又來溫熱一次，她說，平時只在兒子開設的醬油店門口閒坐、帶帶孫子，「來這裏當志工，心肝卡開啦！」

被戲稱家住台北「萬里」遠的委員賴金碧也南下當志工，她煮了一大鍋芋頭米粉湯招呼大家吃。

「人講呷米粉芋，人人得好頭路喔！」一對在工地打雜的夫妻高興地直嚷嚷，後來歐巴桑感嘆地說：「做了二十幾年的工，從來沒有人拿東西請我們坐下來吃，這種感覺真好！」

兩位工地朋友拿著寶特瓶，笑眯眯前來裝飲料。

「知不知道今天喝的是什麼茶？」
「當然知道，今天喝感恩茶啊！」
「感恩茶？」
「我自己取的啦！不管喝到什麼都是『感恩』茶。」他告訴志工，還沒有到這個工地做事以前，以為工作就是為了生活而已，從來不知道自己的工作很重要。「謝謝你們！」

攝影／黃源欣

校園安心計畫

一九九九年十月，慈濟教師聯誼會進行「寄讀生暨教師」安心計畫普查，走訪各災區學校了解校舍受損及學生身心受創情形、前往各大醫院關懷住院學生，並針對寄讀生給予課業及心理輔導。

三個月後，二○○○年一月二十八日起，慈濟教師聯誼會前往援建的希望工程學校，舉辦「震動大愛，重建『笑』園」親師生成長班。透過手語、團康、戲劇、生命教育及靜思語教學活動，讓暫於組合教室上課的師生展現活力。截至二○○一年七月底，共有一萬兩千多位志工投入。

慈濟大學、慈濟技術學院、慈濟大專青年聯誼會每年寒暑假亦赴重建區舉辦安心營隊。截至二○○一年九月中旬，兩年間共舉辦五十五梯次，投入志工四千多人次。

攝影／林鳳琪

攝影／陳和石

詩的記憶

撰文-子魚

九二一大地震周年，慈濟在中部重建區辦了多場祈福晚會，因緣際會，我以慈濟志工的身分，認識了集集國小校長簡泗淵。

我告訴校長，希望能到校指導孩子們童詩。校長告訴我，集集國小被震垮後，因為沒有組合教室可上課，乾脆和附近的和平國小併班，因此我們敲定一週後在和平國小大禮堂集合。

進入和平國小，校工正在駕駛除草車，割除操場上的青草。季末的蟬聲，把和平國小叫得很響亮。青草香，把我們台北人醺醉了。

兩個學校三到六年級的學生總共只有兩百多人，正逢學校下課時間，孩子們以飛快的速度跑去玩溜滑梯、盪鞦韆與地球儀。見到我們，孩子都很自然地打招呼，很有禮貌，令人印象深刻。

我用詼諧的口吻，引導孩子們進入詩的情境，要大家開始「飆」想像力，把感情放到詩裏面。孩子們如癡如醉，第一堂課是愉快的。

或許有些殘忍吧！第二堂課我帶動孩子回到九二一大地震當時的情境。我觸動恐怖的記憶，有些孩子掉下眼淚，用感情的筆、童稚的心，點點滴滴敘述當時狀況；他們很快寫下心靈感受，在童詩中閃閃發光。

【變矮了】

左晃

右晃

上動

下動

地震把我家前面的那棟大樓

搖倒了

我們這條街

四樓變三樓

三樓變二樓

二樓變一樓

一樓變平地

我家就是這樣變矮的！

——和平國小林維彥

【一下子】

我覺得天和地

一下子交換位置

一下子又交換回來

我的家　來不及站穩

我的親人　來不及揮手

一下子　都在我模糊的眼裏

模　模　糊　糊

可怕的一下子　已經變成我永遠

擦不掉的記憶

——和平國小陳品潔

【積木】

嘩啦啦！嘩啦啦！
頑皮的地震寶寶
打翻了學校房子
樹木車子像積木一樣
掉落在整條路上
搞破壞的地震寶寶
真不乖
應該請慈祥的地球媽媽
好好地教教他

——集集國小陳俊宇

【那夜】

那夜　月亮和星星都閉上眼睛
因為他們不忍心看見破碎的小鎮
那夜　風和夜鶯都不說話
因為他們不知道如何說安慰的話
那夜　路燈和螢火蟲都不去照路
因為他們不願意照亮悲慘的世界
那夜　恐懼和焦慮爬上我的身體
我用哭聲度過　那夜

——和平國小張珮琪

【地牛在抓癢】

地牛很奇怪
選在九月二十一日凌晨
起床抓抓癢
愈抓愈癢愈用力
愈用力愈抓愈癢
愈癢愈抓愈用力
地牛用盡全身力量抓抓癢
終於抓出一條痕跡
在流血

——集集國小劉美均

【沒有房子住】

凶悍的大地
將我們的房子　沒收
我們住在帳棚裏
看星星
慈濟人來搭組合屋
我們住得很安全
星星在我的夢裏
平靜地　睡著了

——集集國小陳子怡

【校園不見了】

那一夜
地牛張開大嘴巴
把我們的學校
吃掉了
幸好「希望工程」的叔叔阿姨
用大愛幫我們建學校
我們的校園
復活了

——集集國小陳莞筑

【集集國小】

集集國小轟隆一聲
被地牛撞倒之後
他們就來讀我們和平國小

一年了！
芒果樹又結了一次水果
以前不認識他們
現在　我們可以一起坐在樹下
吃芒果

——和平國小楊舜雅

下課了！孩子們又一窩蜂衝出去玩。同行的志工嘉琦說：「孩子就是孩子，早忘了前一刻還有沈重的心情。」

經歷這麼大的劫難，每個人都是從恐懼中活過來。集集國小校長簡泗淵說：「學校全毀，我還在為重建的問題大傷腦筋，孩子們早已忘掉恐懼，快快樂樂在操場上遊戲。有時會有幾個孩子跑來安慰我，孩子真是天使的化身。」

隨著時間的流轉，人們會慢慢淡忘掉一九九九年九月二十一日的大地震。傾毀的房子重新蓋起來，刻意留下來的遺跡也會鋪上青苔。孩子們長大之後，回想這段記憶時，或許已經模糊，但曾經用詩歌留下的這一段紀錄，卻是最好的見證。每首童詩都有孩子最真摯的情懷。

攝影／葉素珠

宛如螞蟻雄兵

除了援建五十一所希望工程學校，慈濟也為震災後受損的校園緊急修繕或興建組合教室，共援助了十三所高中、國中、小學的教室、辦公室、餐廳、宿舍，合計一百三十三間、兩千零二十七坪；由慈誠隊配合慈濟營建處協力完成，趕在寒冬前，讓師生告別帳棚教學。

學校重建最後階段，慈誠隊開始帶動學校師生、附近居民共同美化校園景觀，鋪設讓大地呼吸的連鎖磚、修築籬笆圍牆、擋土牆施作和植被綠化等。

用心就是專業

撰文·歐君萍

「咕咕咕！咕咕咕！……」嘹亮的雞鳴喚醒夜的寧靜，清晨五時許，天空泛起魚肚白，南投縣中寮鄉至誠國小的工寮吹起了號角，慈誠志工個個著灰色運動套裝魚貫走進盥洗室，以迅雷不及掩耳的速度梳洗、換上「藍天白雲」並整隊完畢，動作俐落宛如一支訓練有素的軍隊。

「今天北九中隊繼續在北山國小抿石子、做圍牆；基隆中隊跟著李福藏進駐國姓國中整地鋪設連鎖磚……」志工集合場的中央有張寫著各校景觀工程進度的大海報，對於黎逢時大隊長的任務分配，眾人聚精會神聆聽。

結束工作分派，香積志工送來營養的早餐；沒一會兒功夫，已見大家帶著工具，前往各自負責的工地展開一天忙碌的工作。

慈濟希望工程自二○○一年初陸續有學校完工，為儘早移交校方，慈誠隊認養了各校景觀工程，每日都有專業及非專業志工「常住」工地。

負責統籌的北區慈誠隊大隊長黎逢時表示，各校景觀工程設計圖由慈濟營建處繪製，交由慈誠隊執行，志工以中隊為單位認養各校景觀工程，並輪班進駐校區，按不同工種及專業分批進行相關工程。

「慈誠隊參與過花蓮靜思精舍的擴建、九二一大愛村、組合教室的搭建等。如同證嚴上人所說：『用心就是專業』，志工在工程上的學習和成長是再多金錢也買不到的！」

捨事業投入志業

二○○一年十一月，倚山而建的南投國姓國小校舍主體工程正積極進行，負責景觀工程的慈誠志工，也忙著整理後山的植被。

志工張世問說，每所學校主體建築工程完成至八成左右，黎大隊長便會帶著專業志工到各校評估施行景觀工程的時機。在不妨礙主體工程進行的前提下同時進行，以便師生早日使用。

「國姓國小景觀工程除修築籬笆圍牆、舊有校舍與設備的修繕、粉刷，還包括山坡擋土牆的施作，以及山坡植被的綠化；必須將山上原先種植的檳榔樹砍掉，改種其他涵養水源的樹種。」負責國姓國小的何張全說，景觀志工的角色好比「大地的園丁」。

何張全還未「全職」投入景觀工程前，與朋友合夥經營小型的水電

歷史回顧

921 打造希望學園

工程公司。他說只要看到還有孩子在組合教室上課，就會覺得「不甘（捨不得）」，因此在事業與志業的取捨間，他選擇了志業。

水電工程對何張全而言彷彿「桌頂捻柑（輕而易舉）」，不過土木工程的部分還是得從頭學起。「像看圖、和水泥、洗石子、綁鐵仔這幾樣功夫，攏嘛是來這兒才學會的，老經驗的師傅和我們就像一家人，大家都希望早點讓孩子搬進新校舍。」何張全笑著說。

本身學過工程測量和放樣，隸屬慈誠北九中隊的張世問，是第一批投身景觀工程的專業志工之一。「學校相繼完工，從南投集集國小、東光國小、集集國中、僑光國小……一所接著一所做，做著做著就做出了興趣，現在已經做『上癮』了！」

一個月三十天的時間，張世問只放自己三天假回台北處理私事，其餘日子都在工地忙碌；天天在大太陽底下工作，張世問的皮膚曬得黝黑發亮，只要開始進行景觀工程的學校，一定都能看見他拿著測量儀穿梭於工地。個性阿沙力的他，跟所有工人的感情幾乎像哥兒們一般。

規律作息身體好

下了班跟廠商吃飯喝酒、續攤應

攝影／李明忠

酬是許多建築業界揮之不去的夢魘，身體狀況往往愈來愈糟。然而在希望工地，沒有燈紅酒綠的聲色場所，有的是群山環抱的秀麗景色，規律的生活作息讓人的身體也跟著健康起來。

經營過一家規模不小營造廠的志工江朝榮說，以前每晚總要花費上萬元陪客戶應酬買醉，睡醒後又覺得錢花得很冤枉。「自從加入希望工程，吃的、穿的都省下來了，生活也更充實。每天早睡早起，不僅看起來更有活力，過去因為喝酒喝出的胃病，也不藥而癒。」

江朝榮說，現在他一天幾乎用不到一百塊錢，攢存下來的錢正好捐作希望工程建設基金。

江朝榮負責的是南投埔里大成國中和國小的景觀工程。一身藍天白雲的穿著，加上標準的「慈誠三分頭」，完全褪去昔日大老闆的氣勢，表現的是多年經驗累積的專業，以及慈濟人的謙和。

借用大成國中一樓教室改裝的工程事務所，桌上攤著一本厚厚的景觀工程設計圖，幾位志工圍在桌子兩側，一面看著設計圖，一面聽他解說各種符號、圖形所代表的意義。

「大家不甘嫌，我才有機會獻醜！能在希望工地上貢獻所長，是我最大的榮幸。」江朝榮說。

七十歲的蕭清訓，從十八歲踏足建築界，曾經隨著榮工處到過許多國家蓋房子，累積了多年的建築經驗後，開始自己經營公司接小型生意來做；不過為了全心投入希望工程，本來就有退休念頭的他，索性將事業交給兒子，「常住」希望工地。

蕭清訓說，土木工程要求的是按圖施工，毫釐都不能有所出入；而景觀工程講究的則是整體的美感和舒適度，尤其植栽的專業知識和技術，都是投入希望工程後才從其他志工身上「偷師」學來的。

「慈濟人做事非常專心，不論我教什麼，大家總是一學就會，很快就能上手，施工品質和效率絕對不輸給專業人員！」蕭清訓常住希望工地一年多，除監督各校景觀工程進度外，還必須為志工安排專業技術的課程，讓大家在專業上百尺竿頭更進一步。

■

下午五點多，南投國姓鄉北山國小的後山映著夕陽餘暉，白天蔚藍的天空被晚霞染成一片橘紅。漸漸轉暗的天色似乎催促著大家趕快收工，然而第一期校舍前方卻仍有一批志工，希望搶在天黑之前完成階梯的抿石子工程。

負責北山國小景觀工程的劉奕爐說，「抿石子」工程比較花費人力和時間，但抿好之後，整體的觸感會比「洗石子」好很多，小朋友以後要在這裏玩耍，「抿石子」的滑梯比較不會讓他們受傷。

約莫一個鐘頭，太陽完全沒入山頭，沒有夜間照明設備的希望工地上，大家趕緊收拾工具準備賦歸；幾位志工笑咧嘴的一口白牙，此時是這片大地最醒目的印記。

攝影／許文雄

和孩子的青春賽跑

為了縮短教育的空白,讓學生在最短時間內,重新擁有完備校舍,
建築師、校方和慈濟人群策群力,以大愛為梁、智慧為牆,許孩子一個希望未來。

撰文-黃芳淇

記得九二一地震發生後,目睹電視上一幅幅慘不忍睹的畫面,很想跑到現場看看能做些什麼?事隔半個月,當得知我被指派到慈濟台中分會協助希望工程行政工作時,即欣然以赴。

才到台中不久,就有慈濟委員跑來說:「會員都在反應:『蓋學校是教育部的事,希望工程的擔子那麼重,上人為什麼要往自己肩上攬?』」

後來,也有記者問證嚴上人類似的問題。上人回答:「慈濟是宗教團體,服務社會大眾是在盡本分。」

還有一回,上人以罕有的沈重語氣表示:「也許有人會認為:『災區離我那麼遠,那裏的孩子沒了學校,和我有什麼關連?』」

「別忘了,這一代的孩子同處在台灣這個小小社會裏,將來一定會有機會互動影響。社會的希望在孩子,孩子的希望在教育,災區八百多所學校的教育,延宕一天就等於空白一天;如果不趕緊投入校園重建,將來對孩子的影響將有多大啊!」

這一席沈重的開示,堅定了在場所有慈濟人全心投入希望工程的信念。

震後十七天,第一批援建學校出爐

八百多所學校傾毀,慈濟擇定五十一所中、小學整體規畫重建。許多人都想知道:慈濟究竟是如何選擇學校的?

九二一地震震毀中部地區多所學校,斷垣殘壁的景象令人黯然。

攝影／洪海彭

校舍傾毀，學童們克難地暫時在帳棚教室裏上課。

當時，報上公布了一份待援學校名單，列有班級規模和重建經費。看到預算經費高達六億餘元的塗城國小時，大家商量後向上人建議——與其認養大學校，不如多援建幾所小學校。

上人卻說：「教育部將所有受損的中、小學交付民間團體認養重建，如果慈濟不承擔重建經費龐大的學校，又如何能期待其他民間團體去認養呢？」

一九九九年十月八日，地震後十七天，慈濟決定了第一批總計二十二所援建學校。

記者們在報章上分析民間團體認養學校有兩個「特質」：其一是專挑大型學校認養，其二是專挑與地名相同的學校認養，好讓善舉揚名不朽。

翻開慈濟希望工程的名單，援建學校確實包括規模龐大的塗城國小、瑞城國小；也包括與地名相同的中寮國中、集集國中、集集國小、埔里國中、埔里國小等。

然而，慈濟也援建了許多「很可愛」的學校，例如中寮鄉的至誠國小，全校才六個班級，學生不過五十七人；還有國姓鄉的福龜國小、中寮鄉的爽文國中、魚池鄉的東光國小等，都是六個班級、全校僅百餘位學生的小型學校。

我一再回憶上人擇定學校時的開示——「對於大型學校，我們是毅然承擔；對於小型學校，我們只考慮力量是否到得了？只要到得了，我們就伸出援手。」

創造超高標準的現代教育環境

曾經，我隨慈濟志業中心副總執行長林

攝影／顏霖沼

基於災難發生之際，學校必須作為避難中心，因此慈濟援建的希望工程學校，決定採用耐震、安全又經濟的SRC建築。

色，內部校舍則展現統一的氣質，不就可以達到「又快又好」的理想了嗎？

結果這個想法並未受到上人的支持。上人期待希望工程不但要快要好，而且要成為「各具特色的建築瑰寶」──讓每所學校在不同的校園特質、地方特色與建築師不同的智慧規畫下，各自展現獨樹一幟的校園風格，除造就安全穩固的建築，更要成為具人情溫暖的美好環境。

上人又再三叮嚀，災難發生之際，有兩種建築決不能倒──醫院與學校，因為前者是救難中心，後者是避難中心。隨著希望工程的開展，上人不斷聽取建築專業的簡報，最後擇定採用耐震又經濟的SRC建築。

SRC是內立鋼骨、外附鋼筋水泥的建築結構，與傳統的RC鋼筋水泥結構相較，確實加乘了耐震效果。

何以說經濟呢？這是從未來長遠使用上考量。因為單採鋼骨的建築結構簡稱為SC，鋼骨之外圍以一層防火庇護。和SRC相較，SC的施作經費低、施工難度也較低；然而二、三十年後，卻必須花一大筆開銷為防火庇護作保養，才能維持防火功能。外附鋼筋水泥的SRC，不需要花費這筆經費，就具備更好的耐震且維護便利。

上人並非不了解SRC最大的問題，在於設計及施工的難度高、施作成本也比RC及SC更高。然而為了讓希望工程能成為千年屹立的避難中心，上人依舊堅定地鼓勵建築師們用心設計，確立以SRC作為慈濟援建學校建築結構的第一原則。

而累積十餘年志業建設經驗的慈濟基

碧玉前往國姓國中。六月驕陽下，國姓國中校長池麗娟帶領我們走在已夷為平地的校園及簡易教室之間。

林副總好奇地問：「簡易教室平均溫度大概幾度？」池校長再熟悉不過地說：「三十二度半。」

試想：在高達三十二度半的高溫中，國中生怎能定下心來聽課呢？剎時，我深刻了解到上人擔憂「空白的教育」，確實在傾頹的校舍間不斷地拖延。

為了縮短教育的空白，讓學生在最短時間內，重新擁有完備的校舍，「又快又好」是眾人對希望工程一致的期待。在台中分會，慈濟的建築委員志工與林副總熱烈地討論著。

那時，建築委員們想到了一個辦法──設計出一棟雅致又大方的校舍基本模式，讓所有學校一體適用，易於掌握施工進度與品質；再讓建築師各自設計校門。如此一來，校園入口風情各異，可展現各校特

金會營建處，也為希望工程注入雨水回收、注重採光通風等環保觀念。至此，希望工程的原則方向日漸確定——超高標準的現代教育環境，就待充滿智慧的建築師群與校方、慈濟人共同群策群力了。

共襄「善」舉，優秀建築師全力投入

一九九九年十月二十四日，在台中分會召開第一次建築師會議，各校重建設計工作正式起跑。

當時援建學校已增至二十八所，有近二十餘位建築師事務所代表與會，包括素負盛名或對學校設計富有經驗的優秀建築師，每位都可謂一時之選。

會議上，林副總很清楚地提出慈濟希望工程的三項原則：一、全面採用SRC建築；二、建築師的設計費用為公訂費用的二分之一；三、為了讓這分使命早日完成，營建工程將全年無休。

乍聞這三項原則，任誰都能了解，建築師若真決定投入其中，勢必面對再艱鉅不過的挑戰。但就在那個會議上，我看到這群為希望工程畫龍點睛的智者，踴躍地將二十八所學校全數「認養」完畢。

第二次建築師會議召開時，有的建築師拿校園的平面圖，有的建築師將數張連拍的校園照片連貼一起攤在牆面，還有建築師在短短一週內，請人拍攝他設計的四所學校空照圖……讓大家了解學校的環境和特質，再詳細報告他們心中的重建理想。我彷彿看到一股蓬勃積極的生命力，自這些建築師的手眼間綻開，澎湃展揚。

之後，朝向「建築藝術」邁進的步伐緊鑼密鼓地展開。只要各建築師負責學校的設計到達一定成熟階段，便安排設計會議，讓校長、慈濟及建築師多方共同討論修正。

那段時間，慈濟大愛村也正緊鑼密鼓興建中。

疼惜孩子，堅持追求建築藝術

隨著時日推進，許多受損學校陸續向慈濟求援，慈濟希望工程援建數目又逐步添增；一九九九年十二月召開第一次希望工程會報時，援建總數已達三十二所。

每次會報，建築師總是不辭辛勞地把重建模型和設計圖帶來，以便與會人士能清楚地了解學校的未來風貌；也常常看到建築師自備美工刀，隨著眾人的意見，將辛苦裝置的校舍模型切割下來，安放在大家建議的新位置上。不斷嘗試和修正，為的就是讓重建的校園設計能盡善盡美。

記得姚仁喜建築師事務所專案負責人江之豪，在九二一之前本打算出國進修，

攝影／林鳳琪

動工典禮上，小朋友興奮地剷土，期待新校園早日完工。

地震後，知道他的老闆決定投入希望工程，便毅然決然留在台灣為災區的孩子全力以赴。

現住台北的林松生建築師總謙稱他設計草屯鎮的旭光國中是「剛剛好」，因為他老家正好在草屯鎮，跑學校談設計之餘，可以「順便」回家。結果從旭光國中總務主任口中才知道，林建築師為了全盤分析旭光國中的校園特質，一個月內跑旭光國中十一趟！我想大概很少人會在一個月內「順便」回家十一趟吧！

而負責設計社寮國中的張文明建築師，為了幫學校找出視野最漂亮的地方做校門，邁著不甚方便的腳，一趟又一趟地在校門前的集山路上來回勘察。

一般人的想法中，重建為求迅速，沒倒的校舍或建築能不拆就不拆，倒的校舍就地重建就好了。然而慈濟的希望工程，我看到大家疼惜孩子的心，與建築師追求「建築藝術」的堅持。

經過一次又一次討論及修正後，希望工程逐步定案，開始發包、開工。二○○○年四月十日，豐東國中成為第一所開工的希望工程學校，隨後一批批學校陸續開工。

為了災後重建諸多事宜，上人時常往中部災區跑，心疼這群孩子白天上課的學堂毀了，放學後歸去的家園也不復昔日的圓滿與豐足，不論在那一所中、小學，上人一定對著學生們說：

「如果你們心想，慈濟那麼費心地為學校重建，是不是希望你們回報什麼？我的答案是：『沒有！』但如果你們問我，對你們可有什麼期許？我只希望各位同學好好用功念書，長大後一定要把握機會去幫助其他需要幫助的人。」殷切地將善的種子植入孩子們的心田。

一連參與好幾所學校的開工典禮，上人看著孩子們頂著六月驕陽，卻依舊神采飛揚，不禁驚訝地問：這群孩子是如何走出震慟，重展歡顏的？

集集國中輔導主任告訴上人，慈濟委員來關懷孩子；教聯會的老師也在週末帶來有趣的靜思語教學；到了寒暑假，更有慈青來學校辦營隊……自九二一那天起，慈濟人的愛從來不曾離開過他們，所以他們能擁有比別的孩子更多的安全感與信心。

愛心匯聚，形塑獨特工地人文

希望工程獨特的工地人文，也讓人大開眼界——

一、全年無休——為了儘快把學校蓋好，讓孩子們趕快回到新校舍上課，工期以日曆天計算，全年無休。

二、四級品保——一般工地品管分三級，為了讓集合眾人心血的希望工程確實能紮實穩健，希望工程以獨特的四級品保制度管控工程的進度及品質。

第一級品保，由營造廠工地主任負責工地施作；第二級品保，由建築師事務所工務代表常駐工地監督營造廠施工品質；第三級品保，由慈濟營建處希望工程施工小組人員協助監造，並負責協調校方、營造廠、慈濟間所有工務事宜；第四級品保，由建築委員及建築顧問團作為各校重建之最高指導單位，督導各校進度及品質。

三、健康環保——不抽菸、不喝酒、不吃

攝影／林炎煌

「世紀末毀壞，世紀初完成」，希望工程是匯聚眾人愛心成就的百年樹人教育，提供孩子滋養成長的所在。

檳榔、實施垃圾分類。為了紓解工地朋友的「癮」，慈濟人搭建「竹軒」，天天奉上不同的茶品、牆上貼靜思語，久而久之，成為彼此關懷的地方，「竹軒」在希望工程的每一個工區漸次形成。

剛開始，有些建築人員「不習慣」慈濟高品質的工程要求，因為他們覺得蓋了幾十年的建築，從來不曾見識過要求那麼嚴格的業主。

然而在營建處同仁陪著他們一起勞動、慈濟人天天到工地打氣，大家漸漸了解他們面對的是一項大時代的使命，轉而歡喜

地說：「我要認真做，因為這是為了孩子的『良心事業』。」

■

「許一個希望的未來」有一句歌詞是「千萬個祝福與期待，讓我們用行動來表白」；在希望工程中，我確實看到數不清的人間菩薩，在為這五萬多名素未謀面的孩子們耗神費心，上人期許的大愛為梁、智慧為牆，確實在五十一所希望工程學校踏實地展現。

理性與感性之間

撰文-李委煌

地震後第十七天,慈濟確認第一批援建學校名單;第三十四天,在花蓮召開第一次建築師會議,來自宜蘭的黃建興及來自高雄的郭書勝,都在參與的建築師群裏。

帶著熱情,巧思擘畫

「災後半年,第一所希望工程學校已經動土;儘管經費與資源尚未確定,慈濟仍率先邁開校園重建步伐。」黃建興說,慈濟的動作很快,比災後教育部推動的「新校園運動」還快上半年。

地震前,黃建興在宜蘭做建築設計,已累積有十七年經驗。他在宜蘭設計了許多極富特色又具創意的校園,曾讓媒體驚呼有如「撒在蘭陽平原上的一串珍珠」。

災區許多學校塌毀,校園設計本就是他的專業,黃建興不敢想賺錢的事,當下便接受慈濟邀請,承接下災區六所小學、一所高中的設計任

攝影/林炎煌

融入當地自然環境,依學校的發展特色設計,讓師生互動關係更為緊密。福龜國小弧形階梯狀的戶外劇場設計,說明了黃建興的巧思創意。

921 梅花香自苦寒來

務。這場世紀大震，讓黃建興的校園設計第一次走出宜蘭。

　　有別於哪裏毀損整修哪裏，「整體設計」是慈濟援建學校的一大特色；在一次又一次的設計討論會議中，黃建興發現證嚴上人不但不會一味節省經費，且會依各校特色、需求與未來發展潛力，提供更大更多的功能空間。舉例來說，他負責設計的台中縣大里市瑞城國小，原本學校只提出建築的結構補強案；經過一段時間的溝通討論後，慈濟為了更長遠的學校安全與發展需求，決定投入更多經費拆除重建。

　　不同於黃建興毫無猶豫接下七所學校設計，郭書勝承接三所學校設計任務前，心中稍有忐忑——一方面是經營建築事務所還不算久，再者過去設計中小學的經驗很少；他不免擔心能否勝任慈濟的期許。

　　他帶著很大的熱情設計這三所學校，看似單純的中小學設計，光是第一所學校的設計圖，就讓郭書勝討論修正了不下十次。案子大小、校園規模跟他所投入的心思並無關聯；像位於南投縣國姓鄉的北港小學，雖然是所迷你小學，卻花去他最多時間。

　　儘管已是十年前的往事了，如今回憶起來，郭書勝仍清楚記得，當年他做得很歡喜。「那是段很特殊的

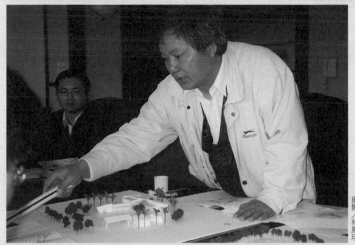

攝影／林鳳琪

認養最多所九二一希望工程設計的黃建興，常奔波往返於宜蘭與南投、台中縣之間，挑燈夜戰趕製設計草案與模型。

經驗，人人有志一同，都想盡快去完成，在有限時間內做到最好。」

設計源自實際生活經驗

　　學校重建完成後，黃建興辦了一場事務所員工旅遊，也順道去參觀慈濟希望工程學校。

　　行抵由他們設計的台中縣霧峰鄉桐林國小時，黃建興帶大家去採摘又大又甜的龍眼。他想起二○○○年二月，第一次來到桐林國小勘察基地時，那天是大年初四，校方就是用這改良過的龍眼來款待他，令他印象深刻。如今重返校園看到全新面貌，心頭就像吃龍眼般甜蜜。

　　過去黃建興設計的校園，就常有超越傳統的元素——例如多出一條走廊、在教室裏安排一塊學習角、

攝影／顏霖沼

郭書勝以圓形傳統波斯屋頂建築，加上人字形大門，設計出慈濟援建伊朗學校的模型。圖為二〇〇四年三月，他前往巴姆勘察當地學校特色時，與學童合影。

調整梁柱比例強化結構、依學校運動發展特色設計不同功能的運動場……在地震後的災區校園設計，他也嘗試著將這類創意元素置入希望工程裏。

黃建興表示，他的許多創意，是源於小時候的師生互動經驗與空間使用印象。例如他記憶中的小學生活，師生間的互動感很不足，於是將此經驗逆向思考，便有了不同的設計想法。

例如，在教室走廊另闢出一塊空間，鋪上木質地板作為「學習角」，讓孩子們可以脫鞋躺臥、輕鬆閱讀談天；在教室設計一個「後陽台」，將水槽、清潔櫃、資源回收物等集中於此；甚至在後陽台做個落地窗，讓教室有種居家感覺……

近年來，黃建興觀察到不少新校園設計，都接納了「雙走廊」、「學習角」等設計元素，可見那是符合實際功能需求的。

十年後，當他再回到親手設計的南投縣魚池鄉東光國小，得知學校設有「夜光天使班」——針對弱勢家庭學生提供課後及夜間課輔；校園空間受到妥善利用，讓身為設計者的他相當欣慰。

創造出建築的生命

地震後迄今十年間，郭書勝又陸續承接了慈濟於伊朗、印尼、泰北、斯里蘭卡、緬甸等地的學校、大愛屋設計。多年合作下來，他認為在空間配置與設計細節方面，其實受益於慈濟理念頗多。

過去，他習慣較有變化的設計；如今，他覺得「簡單」、「整齊」、「沈穩」等特色，也是另一種空間之美。

證嚴上人曾提醒他，硬體環境是「無聲說法」。他也認為，空間設計有助於學生的行、住、坐、臥等生活儀態，好的建築設計可以形塑孩子的氣質。

二〇〇八年五月汶川地震後，慈濟援建了災區十三所學校，再度邀請黃建興、郭書勝兩位建築師參與。為

了將地方人文、歷史特色融入校園設計，郭書勝特別拜訪了四川大學設計學院的教授，並參觀仿古新建築，以了解相關的設計技巧。

以他負責的四川省名山縣第一中學為例，毀損的校園旁有座孔廟老建築，如何結合入校園設計，便是他的挑戰。

已成為慈濟志工的郭書勝表示，現在設計學校時，往往不再那麼理性，反而習慣帶入直接的感受。「這種感受，不一定會直接反應在建築物的設計上，但那卻是我放入建築物裏的某種情感。」

他進一步說明，就建築物本身而言，它只是個純粹硬體、一個構造物罷了，但是若能了解它的設計機能，或是了解它背後的設計意涵，再將人與情的因素加進去，這個建築物才會對使用的人產生感情與影響。

「一旦將此建築精神創造出來後，又能用心將它落實在設計裏，其實它也是會被具象地呈現出來；那股精神會延續到你對其中每個空間的設計，或是每一個細部安排裏。」

學習的小手

郭書勝口述／李委煌整理

跟汶川大地震同一時間，女兒的左手因骨髓炎入院。當時心裏很掙扎，想主動協助慈濟去四川勘察一下學校受災情形，但又擔心分不開身，所以不敢主動開口請纓。

期間，我讀到一則報導——川震災區瓦礫裏，一位小男孩被救了出來，他的兩隻手因為重壓壞死，需要截肢。他哀求醫師說：「可以留一隻手給我讀書寫字嗎？」

這個故事與畫面，帶給我很大的衝擊；我用這個實例安慰女兒：「你只有一隻手在痛，而且還是左手。」

腦海中，突然浮現出「學習的小手」這個意象。兩個月後女兒出院返家，我也在八月受上人託付前往四川災區學校勘察。

我直接到距離成都較近的名山縣，親睹了學校受震毀損的情形，也看到在板房裏認真上課的孩子們；雖然環境很克難，但他們學習心很強。當下，我決定要以「學習的小手」作為這次校園重建的設計主題。

我覺得學校若沒有「故事」，那麼它只是個死的建築物；若可以被人們描述、被形容、被傳達出，那麼它就有了生命力。若要讓建築物長出生命來，就要設法賦予它「靈魂」或「精神」，而這精神必須由人去幫它述說出來，建築物就會變得活靈活現。

當然，我並非為了一個能感動人、能說服人的目的才這麼做，只是單純感覺應該為這個建築物留下一點靈魂，或者說是創造出一點靈魂；而這靈魂將會跟著建築物流動與存在，而非只刻在紀念碑上。

大自然教室

撰文‧葉文鶯、黃秀花　攝影‧林炎煌

在各方共識下，綠化、節能、環保等概念，
被融入重建後的校園建築與景觀中，
一股新興的「新校園運動」在各校間蔓延開來。
走進希望工程校園，生機處處現——
花草樹木、鳥飛魚游……
都是自然和生態課程的最佳教材。

竹山鎮社寮國小二〇〇一年四月搬進新校舍，校長林友信向教育部提出「永續校園」局部改造計畫，二〇〇四年榮獲全國永續校園績優獎，成為中部示範學校。

「如果沒有慈濟在重建校舍時就把這些設備做好，校園要朝綠建築、環保節能方向發展，即使花大錢做了很多修改，也無法達到這個理想。」林友信說。

天上的風、雨、太陽，都是人類可利用的能源。慈濟希望工程善用自然條件，重視建物的採光、通風；校舍地基採筏式基礎，設計成雨水回收系統；地面鋪設連鎖磚讓大地呼吸……均達到節能減碳，營造舒適宜人的環境。

建築師們在設計規畫之初，總盡可能避免影響老樹，即使逼不得已，也以遷移取代砍伐。如新社國小的教學大樓中間樓梯通道，為了保留老樹而特別轉了個彎；舊校門口的「夫妻樹」羅漢松和木麻黃，則跟隨著新校門一起外移。

十年後的今天，新社國小校園生機盎然，吸引眾多鳥類前來棲息；啄木鳥、五色鳥、領角鴞、小黑冠麻鷺等三十幾種鳥類能安全成長，是校園物種多樣性的指標，也代表學生品德教育的成功。

擁有一棵超過兩百歲參天老樹的南投國小，還有一大片台灣原生植物園區——樟樹、月桂、野百合、馬鞍藤、烏龍茶樹等；水生植物園區有蓮花、野薑花、布袋蓮……下課時，學生可以看見蝴蝶在空中翩翩飛舞、鳥兒在樹上婉轉歌唱；參考學校編印的「校園植物學習護照」，每位小朋友都可以化身為小小植物解說員。

同樣也是原生樹種成林的北山國小後山，十年前卻是種滿價格看俏的檳榔樹。教務主任賀宏偉表示，這片檳榔林早年由家長承包，學校不需管理，就可以有額外收入；他還記得任職總務主任期間，學校設備需要維修，就是靠賣了檳榔的收入解決經費問題。

慈濟援建之初，證嚴上人走訪該校，看到那片檳榔林，忍不住問校長吳樹池：「種檳榔一年可以收入多少？」

「約一萬多元。」

「一萬多元對學校很重要？」

「北山是一個山區小學校，這筆額外收入對學校不無小補。」

上人表示，檳榔有害身體健康又影響水土保持，實在是負面教育。「種芒果、荔枝等水果都比種檳榔好啊！」第二天，吳樹池校長就請工人把檳榔樹給砍了。

如今，校園四周遍植各類植物，生態水池育有多種魚類、蛙類，水池四周廣植蜜源性植物，吸引鳥類、昆蟲駐足，在一旁高大旅人蕉及叢生的南天竹襯托之下，儼然是別有洞天的大自然教室。

第一堂課：地點【桐林國小】
護蟬回家

桐林村位於九九峰自然保育區與林務局自然保護區間的三角地帶，生態資源十分豐富。走進群山環繞中的桐林國小，蟲鳴鳥叫聲迴繞、合奏出悅耳的樂曲。

優質的環境，會吸引生物來棲息。為了避免人為的破壞，桐林國小的老師決定從

小教育起。他們經常帶著學生去爬山,沿路介紹各種生態景觀,也會在校就地取材,引導孩子們做觀察。

哪邊的花兒開了、哪邊的樹長出新芽,都是教導主任王萬雙指導學生進行記錄和學習的題材。他甚至為此編了一本「校園花木學習步道」手冊,希望孩子們能多愛護環境、保護大自然,進而培養出與動植物共生共處的慈悲情懷。

某日午后,棒球隊練習告一段落,幾位小男生在球場上邊走邊聊,突然發現前方不遠處有隻剛脫殼的蟬,正奮力往前爬。

一位男孩見狀,飛也似地往前跨了好幾步,小心用雙手把羽翼未長成的小蟬捧在

掌心中,其他人看到了,也趕緊拔腿來相助。小手一雙接著一雙,護著小蟬一步步往前。

約莫過了幾分鐘,男孩們開始七嘴八舌討論接下來的處理方式。有人認為應該要把蟬放到樹上才安全;有人提出疑問,是該放在樹皮或樹葉上?經一陣沙盤推演後,孩子們決定把牠放到樹皮,理由是樹葉太輕了,牠可能會因此跌落,摔個四腳朝天。

小蟬在十幾雙眼睛見證下,回到了原本屬於牠的活動空間,快樂而自在地爬著。而站在樹下的幾個小毛頭,觀看了好一會兒後,也總算鬆了一口氣,開心地帶著微笑離開。

小小事件,即可窺見「生命教育」在桐林國小不是口號,已實實在在深化到孩子的內心,成為他們對待大自然的方式。

第二堂課:地點【新社國小】
領角鴞話題

「母鳥一進入巢箱,我們就很猶豫是否該讓學生知道?」輔導主任蔡彤予說。

結果,事後證明這想法根本就是多慮,因為當熟諳生態領域的湯淑蓮老師登高一呼,對各班進行過宣導後,「守護小天使」就立刻組織了起來,他們每節下課都會輪流穿上小背心來回樹下巡迴,其他孩子也主動遠離該處,不打擾牠們的生活,相當貼心。

接著,在學校購足硬碟後,湯淑蓮請熱心家長幫忙架設攝影機,全程錄下母鳥的孵育過程,次日再把前一天錄得的影片,

左圖照片／新社國小提供

播放給全校師生觀賞。有眼尖的學生就發現到：「為何母鳥在孵蛋時，會不斷抬頭？」還有學生問：「公鳥整晚都守在巢箱外，為什麼呢？」

「母鳥會一直抬頭，就是在警戒啊！公鳥守候在外，則是為了保護母鳥和雛鳥的安全，而且牠還要負責出去覓食，回來餵哺母鳥。」湯淑蓮認真地回答。

孵育完成，輔導室又籌辦「命名」活動，由全校師生投票幫雛鳥選出「毛毛」、「球球」、「嘟嘟」三個名字；後來還發動各班進行主題創作，因此就有童詩、繪畫、拓印、拼布、陶版等作品出現；材料更是五花八門，從毬果、蛋殼、花盆、爆米花、菜瓜布，甚至洗鍋子的棕刷也用上了，可謂創意十足。

有了這麼多作品，輔導室又趁勢舉辦「領角鴞之夜」活動，邀請家長和社區人士來參觀。沒想到通知一出去，一個晚上就來了三百多人。

「我們並未規定家長一定要來，但參與度就是這麼踴躍！」學校活動能讓社區關注，校長郭金蓮感到很欣慰。

領角鴞的議題就這麼火熱著。五月，學校舉行母親節親子活動，特別空出校園一角，讓媽媽們帶著孩子利用颱風刮落下來的殘木樹枝進行裝置藝術，做出來的作品，也全是「領角鴞」。

「沒辦法，那陣子大家腦袋想的全都是領角鴞，自然就會以此來創作！」家長廖淑閔說。

她表示，這五隻領角鴞，儼然已成為他們夫妻為孩子進行「生命教育」的題材。因從影片放映、幫忙做記錄、製作拼布吊飾、布置展覽會場等，她都參與其中；而全家人也常針對此議題做討論，兒子的提問，就是他們「教育」的好時機。

「學校會舉辦一系列活動，目的也就在

方搭設網室空間，方便學生觀察、記錄蝴蝶的成長歷程。

老師們也針對校內動、植物生態建立教學特色，編寫「生態筆記」、「植物解說手冊」。在「生態筆記」教材中，第一單元介紹「多層次植栽」即指出，植栽種類多樣化提供了更高的涵養水源、淨化空氣、調節氣候，以及生物棲息、隱蔽的環境，學生在這個單元便能認識校內多層次植栽區域內的昆蟲、鳥類、爬蟲類和菌類。

學校獲得「永續校園獎」那年，林友信校長被調派他校，來不及分享這項榮譽；目前在竹山國小任職的他指出，社寮國小的植栽仍是他最感到滿意的。

當年進行景觀工程時，校長林友信建議慈濟志工多種植台灣原生種植物。如今校園有台灣欒樹、青楓、肖楠、牛樟、五葉松、土肉桂等。漫步在櫸木、柚木、五葉松、肖楠步道，吸收芬多精可以紓壓，達到健康效果。

教導主任林慶泉指出，校方每年添購碎木鋪設林間步道，以增加土地的保水性。樹木長得壯，樹根能涵養水分，連樹下一大片草皮沒有自動灑水系統，照樣長得好，常令遊客嘖嘖稱奇。

此。」校長郭金蓮說。她的名言「教育沒有最好，只有更好」，當學校來了領角鴞，多了很多教育的機會，自然要好好把握。

第三堂課：地點【社寮國小】
蝴蝶復育

為了營造出多樣性生態，社寮國小的老師常自掏腰包購買樹種，吸引不同動物前來尋找棲地，其中最成功的計畫要算蝴蝶復育了！

他們先調查鄰近地區蝴蝶的種類，在校園大力種植蜜源植物、食草植物，成立蝴蝶復育區。自然科錢碧再老師還在教室後

戀戀生態池

大門入口這一座生態池，它的豐富性也是由歷屆師生所創造。池中，石縫藏有魚、蝦，石板階梯有不同種類的青蛙棲息；還有睡蓮、荷花、水蠟燭、水金英等水生植物，學生經常在此徘徊不去。

這一座生態池是利用中水回收系統供

應水源，池邊裝設一架風力揚水系統，以風力帶動水力，增加水循環與空氣流動。總務主任曾以瑩指出，學校利用太陽能板發電產生「高溶氧水」，藉以增加池水含氧量，水質乾淨又清澈。

高溶氧水也運用在校園後方的教學農場。前校長林友信說，被地震震壞的網球場無法整修，改做教學農場，在四健會志工的指導下，學生利用落葉、廚餘堆肥做養分，而高溶氧水水質好又能殺菌，用來澆灌蕃茄、小黃瓜等植物，果色好又可增加產量。

教導主任林慶泉說，學校開放學生在生態池抓魚、抓蝦，但是觀察完畢必須立刻放回池中。學校也不禁止學生爬樹，每當楊梅成熟時，幾個孩子就會「疊羅漢」去摘梅子。

學校的樹不高，學生想爬樹，師長會告知他們需注意哪些安全、若不小心可能造成什麼後果。「爬樹和抱樹的感受不同，我們希望學生去感受、觸摸。我們容許孩子冒險與想像，但是行為可以透過訓練，讓他們敢在環境中冒險，吸收知識、啟發內在。」林慶泉說。

第四堂課：地點【北山國小】
獨角仙造訪

十年了，北山國小後山種滿的檳榔樹，自九二一地震後砍掉至今，已成為另一片風景——台灣原生植物生態區。

攝影／鄒忠宏

這裏有大家最熟悉的台灣欒樹，還有很多光蠟樹，才種下四、五年就吸引獨角仙造訪。教務主任賀宏偉說，學校附近有人種香菇，那些被丟棄的太空包是獨角仙的最愛，成群結隊去下蛋；現在，學校也變成獨角仙最喜歡來的地方！

臨近後山這棟建築物三樓，在重建規畫設計時原本只是個露台，可是下雨天容易積水，校方利用那裏的光線做成一間「日光教室」——老師可以帶學生在這裏上自然課，透過觀景窗，貼近觀察週遭的動植物生態；這裏還擺了小圓桌，也是個「露光咖啡廳」，提供師生休憩聊天；還有老師和愛心媽媽會陪著學生在這令人賞心悅目的地方閱讀呢！

第五堂課：地點【南投國小】
老榕樹下

不知陪伴了多少學子的童年歲月，這棵盤據於學校正中央、見證著南投國小百年歷史的老榕樹，經歷一場巨大震盪後，仍然挺直腰桿佇立於原地，與全校師生共同度過了一段最艱困的時刻。

「榕樹下，有我跳格子、玩沙包的美好回憶」、「阿公總在傍晚時來到榕樹下乘涼，順便接我放學回家」、「老榕樹就像慈祥的老爺爺，它有著茂密的樹葉，躲在樹下，就算刮風下雨也不怕」……不論新舊校友或現在師生，一談起這棵庇蔭學校逾一世紀的百年老樹，情感都是那麼熾烈。

這棵濃蔭參天的老樹，年齡已超過兩百

歲，它栽植於清朝嘉慶年間；震後，當多數教室都倒了，老榕樹竟毫髮無傷，其所展現出的堅忍和堅毅精神，正是全校師生的精神標竿。

隨後，帳棚、組合教室在它周圍蓋起。學童下課後，總喜歡往它身邊靠；在其羽翼下，跑跳、嬉鬧、玩捉迷藏等，偶爾還有小松鼠和昆蟲跑來作伴。在災難當頭，有它護衛著，彷彿就有了依靠、有了希望。

地震前，老榕樹的主幹已因生病漸枯萎，但農業專家診斷表示，主幹雖已形成中空，卻從周邊長了六條氣根，如此又能供給主根養分，讓它繼續存活。「它是一棵行孝樹啊！猶如父母年紀老了，兒女們就必須承擔照顧之責。」當時校長蔣碧珠說，這也等同子女反哺父母之意，而變成學校的一大情境教材。

學校還因此衍生創意，以老榕樹為意象，製成「榕樹章」，由各班老師和行政人員持有；每位學生發給一張「行善集點卡」，只要生活行為表現良好、有美善事蹟者，都可蓋上一枚。

蓋滿二十五個小章，又可加蓋一大圖章；一學年若集滿四個大章，就會接受表揚，並與校長合影留念。因此，它也可說是一棵「行善樹」，讓學校藉以激勵學生不斷發揮善念和善行的最佳憑證。

第六堂課：地點【至誠國小】
山中健行

地震，雖然改變了南投山水樣貌；山，依然是南投人的依靠，也是最喜愛親近的地方。

至誠國小老師蘇志祥每週帶班上學生到後山健行。早上七點半，師生在學校中庭集合。一身球衣布鞋的蘇志祥，脖子上掛了一條毛巾，他晃晃手上的一瓶水，叮嚀學生也別忘了帶，接著幾位家長也隨行上路。

循著產業道路往上走，沿途觀察動植物，有時會把山上一座廟宇當作終點歇腳，或者探索不同路徑，大約一個多小時往返。

「平常學生在學校有什麼問題，乘著爬

山氣氛好，適時提醒，他們較容易接受。邀請家長參與，也是找機會溝通孩子的事，增進師親生的關係，有助於學生的學習與發展。」蘇志祥說。

「喂，後面有車來了！」「前面有狗大便喔！」沿途，大家相互提醒。一位女同學大概沒吃早餐，很快走累了；幾位同學相互等待、作伴，就都跟上來了。無形中培養出團隊合作與耐心、毅力。

站在高處，腳下就是村莊，蘇志祥請學生指認自己的家在何方。一道河川繞過村莊，在枯水期像一座超級石子工廠，這河川似乎需要疏濬了吧！而那一座新造的橋還在施工……

在橋梁施工前，幾位學生為了減重，由家長林秀琴帶著走路上學。「走路上學可以欣賞風景，搭爸媽的機車呼地一下過去，什麼都來不及看！」

連學生都能感受「速度」削減了觀察的敏感度，就像相機快門來不及捕捉動態，只看到模糊一片。在每天所生活的環境中，有多少人能夠佇足片刻，好好看一看自己的家園？

師生望向對面青山，不得不看見那一道植被裸露的土石。那是被九二一大地震震落，加上風災侵襲造成的土石流，「傷口」始終沒有痊癒。

「如果山石崩落，堵住底下的河流，遇到颱風淹水，遭殃的是誰？」

「是住在村子裏的大家。」蘇志祥在學生看見的現象中，指出天然災害的可怕以及山林保護的重要。

那些生長在山上的樹、漂在河流的垃圾，在在影響大環境的好與壞，一旦人們漠視，終有一天將招致災難。

在師長的耳濡目染下，小學生也在思維著人與大自然的關係。「城市愈開發、生活愈便利，付出的代價是環境變得愈糟。」學生曾偲涵說，南投的山林很美，雖然交通和生活方面沒有都市便利，可卻享受安靜和清淨的空氣。

在山上健走，不免與蟲蛇相遇，問她怕不怕？小女孩不假思索地說：「我認為應該是蛇怕人，而不是人怕蛇！因為人類傷害蛇，牠們才攻擊人類。如果要讓蛇不怕人，我們就不要濫殺無辜。」

一趟又一趟的後山健行，孩子們除了鍛鍊體能、認識動植物，也喜愛、關懷大自然變化與人類的關係。

種樹老農

這天，師生又來到這一處岔路，朝下走這一條小路看得出是個私人林地，種了兩排整齊的肖楠樹。陽光穿過茂密的枝葉，在地上灑下一片金光，站在樹蔭下，無不感受陣陣清涼。

師生首度與園主廖如林不期而遇。這位八十歲的老農，二十五年前為了代替早逝的兒子栽培孫子上大學，他接受政府補助造林，如今蔚然成林，孫子也從大學畢業順利當上記者。廖如林笑稱，他的名字就像是他到人間的使命——要種樹成林。

長者慷慨邀請師生一行入園參觀。大家走遍園子，還發現一個早期烘焙龍眼乾的大灶。

龍眼，是中寮鄉重要農產作物之一，光

是烘製龍眼乾的灶台、柴薪等器具的演變，家長平常沒機會向孩子解說，這會兒可有的說上大半天了。

沿路所認識的新奇事物，師長都能適時分享經驗、傳遞知識。看著一棵細葉欖仁樹，蘇志祥說這是蛾的幼蟲喜歡的植物，因此站在細葉欖仁樹下得當心被毛毛蟲親吻，會產生嚴重的皮膚癢呢！

蘇志祥還指出，日治時期日本人在台灣山上種樹，然後將一車又一車珍貴的木頭運回日本；只有那些樹幹長不直，或者因道路太小、車子開不進去的山中樹，才可能被留在台灣，後來就長成了高大的「神木」。「不過，日本人在台灣，有砍伐也有種植。」蘇志祥還是做了公允的評斷。

再看地上出現的一顆毬果，他告訴學生，這毬果外殼堅硬，需經過燃燒才會燒出種子，進行繁殖。「打雷或天氣太乾燥而引起森林大火，這時候這些種子才會釋放生命力。」

當電視新聞播出那綿延燃燒、難以撲滅的美國加州森林大火時，人們大多將注意力放在它將危及住民生命財產安全，殊不知這場大火，也是大自然維持生態平衡的方式。「我們應該尊重自然，而不是一心想要人為控制，或許遇到森林大火，人類應該遷走，把地方讓出來給植物去發展呢！」蘇志祥語中帶著謙卑。

蘇志祥一向不特別重視學生課業成績要達到什麼標準，「小學教育要教給孩子的是正確的態度和行為；只有態度和行為，會影響他們一輩子。」

找回社區
凝聚力

撰文-黃秀花　攝影-林炎煌

地震帶來劇烈的毀滅，卻也激起了在地公民的集體意識。
當一批又一批外來力量湧入，協助重建起家鄉的學校，
長於斯、受教於斯的人感受自是深刻。
「這是我的母校，別人都進來幫忙了，我怎能坐視不理！」
經歷大災後，他們重新找回了對家鄉的熱愛，
更積極走入校園、奉獻專才。
這種自發性的關心學校舉動，如同一種社區再造力量，
把人與人之間的關係拉得更緊密，
也讓在地人文得以深入校園，繼續萌芽、綻放。

美麗森小，村之寶
台中縣桐林國小

重建後的桐林國小宛如一座漂亮公園，有涼亭、青桐林廣場、戶外棒球場等。每逢假日開放讓社區民眾進來運動、休閒。

它的美並不僅在於建築巧工，而是全校師生與社區人士所共同凝聚出來的向心力。震前，居民就常襄助學校活動；震後，大家的「護校」行動更是明顯。

「這裏真的給了我很多的愛，我感覺自己不僅是父母的孩子，而是整個社區的寶貝！」剛從桐林國小畢業的林婉琪說著說著，視線已漸模糊……淚水吐露對母校的離情依依。

從霧峰街上往東北方向前進，繞過蜿蜒山路、跨過一座橋，再往前爬坡一小段路，斗大的「台中縣桐林國民小學」九個大字就矗立眼前。創校近一甲子的桐林國小，是一所只有六個班級的迷你小學；在一片氤氳、雲霧環繞之中，尤顯得清新、脫俗。

高聳的圓柱形建物，是師生們常流連的圖書館；L形庭園造景校舍，灰白外觀中透出幾分典雅；走廊上的木製鏤刻欄杆，在陽光照射下，映出栩栩如生的花鳥圖案；還有各藝術家創作的雕像散布於校園四周，與花草綠樹相襯……無怪乎來此參觀者，都會以「世外桃源」或「藝術精品」來相稱。

這就是重建後的桐林國小新風貌，但其實它的美並不僅在於建築、在於精雕細琢的巧工，而是全校師生和社區人士所共同凝聚出來的向心力。在震前，居民就很常襄助學校活動；震後，大家的「護校」行動更是明顯。

學校的代誌，村民一肩扛

「那場大災難，真的是把老師、學生和家長的心都黏在一起了。」昔日校長梁珪萍說。

回憶地震當天，梁珪萍查看過校園後，發現受創嚴重，立刻開啟她找老師、老師找學生的動作；直至獲知全員平安，一顆心才放下；接著，包括收拾殘局、搶救物品、遷至吉峰國小上課、搬回學校組合教室，都是在社區民眾動員幫助下完成。

「不論有沒有孩子在此就讀，村民們都把學校的事往肩上扛，有人還出動大卡車幫忙載運。」時任家長會長的張永南說。

「學校有很多鳳凰木，都是我們當學生時種下的，那時還去葡萄園取草皮，也到溪底提水回來澆灌。地震後，很多舊有景觀都毀了！」桐林國小校友、現任社區發展協會總幹事林震科，發出這樣的感慨。

「天災難測，卻是考驗大家最好的時機！」梁珪萍說，災後停課一週，重新復課時，桐林國小就被教育局分配至吉峰國小，和同樣受災的僑榮國小，三校併成一校上課；那段期間幸有家長們作後盾，很多搬遷事宜才可不必費心。

每天，老師都必須輪流陪伴學生搭乘客運往返兩地。上課的方式很克難，有的是兩班擠在一間教室，有的利用觀景台、走廊或樓梯的空間；沒有桌椅，學生只能席地而坐。好在，大家都能隨遇而安，沒

有怨言。

五週後簡易教室落成了,師生又在家長們的協助下,搬遷回學校上課。儘管只是鐵皮搭建的臨時教室,但師生們發揮巧思,搬來造型獨特的石頭和各種植物,沿著外牆打造出一景觀園地,再搭配牆上懸掛手工藝品和畫作,讓原本單調無奇的教室,變得很有生氣。室內和走廊也被充分利用,老師將學生們的作品用磁鐵黏貼展示於牆上,無論走到何處,都能沈浸在濃厚的學習氣氛中。

一些動態活動也沒有偏廢。老師們儘可能分時段、分區域,讓孩子練習如扯鈴、韻律操、球類運動等;也到校外就地取材,運用社區環境進行路跑、健行和趣味競賽……

這些都成了災難中師生們最難忘的一段回憶。

小小棒球隊,揮出好成績

特別值得一提的是,學校重點培育的棒球隊。

災後不久,帶隊教練王遠東就排除萬難,帶領球隊利用傍晚時刻,或借用吉峰國小操場、或到靈隱寺停車場等處練習,直至天黑才停止。在練習不足下,次年竟還獲得全縣第三名佳績。

後來即使遷回學校上課,但重建時期,空間仍十分有限。王遠東僅能利用校內空地或社區巷道,讓孩子們練習揮棒、傳接球及體能訓練;放學後,才帶往亞洲大學球場,練習打擊、跑壘和防守等。為此,校長和老師們都要協助接送孩子,家長也常聚集到王遠東家,幫忙煮餐、為球員補充營養。

在愛心灌溉下,棒球隊果然不負眾望,於震後第三年,勇奪全縣軟式少棒聯賽亞軍;這不僅是桐林國小的榮耀,更是全村

豐富的自然生態,讓桐林國小隨時可進行環境教學,校內一草一木都是師生們研究的題材,甚至還為此編列了學習步道手冊。

陶藝家江榮富對母校投入的感情很深,他不僅免費入校教學,還把住家營造如一社區公園,歡迎孩子們隨時去觀賞和記錄生態。

的一大驕傲!也促使慈濟在規畫重建時,建築師黃建興特地為這所小學校打造一座全新的棒球場。

「打球可以建立孩子的自信,將來不論做什麼幫助都很大。」從一九九一年起開始帶隊的王遠東觀察發現,學科表現或人際關係不佳的孩子容易自卑,但參加球隊、打出興趣後,自信心就會顯現出來。

「更重要的是,打球也在學做人。從球隊中,孩子可以學習到團隊精神、吃苦耐勞、尊敬師長及挫折容忍度,這樣的影響力才是最深遠的。」

王遠東強調,桐林國小畢竟是小校,不論男女,只要肯打,球隊都會收;而在球場上,也不可能只塑造一兩位明星,必須靠全員合作,才能打出好成績。何況,球隊每次對外出征,都會牽動全社區民眾的心;孩子出自桐林村,自然也會想盡力為校為家鄉爭光。

「村子裏有這支棒球隊,真的是很光榮的事!」也是球隊教練、負責帶領初學者的吳宗岳老師說,他是桐林在地人,很了解村民對球隊的期望,過去他常在友誼賽中與王遠東交手,很敬重他的領導風格,所以才會從其他小學自願轉調回桐林國小服務。

「隨著舊生畢業、新生人數愈來愈少,這支小小球隊可選取的菁英實在不多,但卻能一再把上千人的大校給打敗,真的很不簡單,可想見平日下的苦功有多深了!」吳宗岳說。

直至今日,桐林國小棒球隊仍時常締造佳績。為了獎勵孩子們,現任家長會長林介傑自掏腰包幫每位球員添製新褲、請他們吃飯,社區一家麵包店也長期免費供應麵包,還不時有村民帶來芭樂或煮補湯來慰勞球員,把他們當成「寶」來疼惜。

教捏陶、推共讀,豐富課外學習

社區對學校的關注,不僅止於棒球隊;

重建完成後,學有專精者和熱心家長紛紛走入校園,義務協助教學活動,包括圖書、陶藝、生態教育等。這些社區力量的挹助,無疑都帶給學生更廣闊的學習視野。

住家離學校不遠的陶藝家江榮富,是桐林國小第二十屆畢業生,為了回饋母校,他不但免費入校教導學弟妹做捏陶,還把自家一處空地闢成生態學習區,內植花木、設置水池,四周掛滿巢箱,讓不會築巢的領角鴞孵育下一代。

「我很歡迎孩子隨時來做陶藝和遊玩,但條件是要幫忙整理環境。」江榮富說,這樣做的用意,主要是為了鼓勵孩子做生態研究和田野調查。同時,他也會帶著孩子去認識鳥類、爬蟲類等。「孩子既然生長在此,就應多了解此地的生態環境。」

而人稱「沈媽媽」的家長廖佩玲,則是學校首位圖書志工。地震當年,她的一對兒女才分別讀小四和小一;因為大里的住家被震成半倒,她把孩子帶回雲林老家寄讀,結果兩人都適應不良,因此房子一修復後,又立刻將他們轉回桐林国小。

陪讀期間,她見學校圖書館的書籍沒有人整理,於是分批載回家中做分類;並在大學任教的丈夫協助下,進行電腦建檔編目。從此師生們在借閱上就方便多了,學

位處鄉間的桐林国小,不想讓孩子輸在起跑點,積極引進音樂專業人士做教學,希冀能涵養學生們的藝術氣質。

校所推動的「閱讀」教學，也往前跨進了一步。

當時的校長梁珪萍表示，新校舍啟用後她大力推廣「共讀」，不但要求老師陪學生讀書，也在夜間開辦「親子讀書會」，而廖佩玲就是伴讀志工之一。

桐林國小的讀書風氣因此奠下基礎。現任校長蔡淑娟則認真推「閱讀認證」，還有多位社區媽媽進入學校幫忙，使得高達八成以上的學生都能通過「小學士」、「小碩士」或「小博士」認證，亦即閱讀超過三十至九十本書。

為了鼓勵這些用功孩子，家長會每學期都會發給「圖書禮券」以資獎勵；而一些畢業校友所捐贈的款項，校長也全用來擴充圖書館的書籍，把學校的讀書風氣帶上另一高峰。

老師用心，孩子開心，家長放心

「只要給鄉下孩子多一點刺激，我相信他們絕對表現不差！」蔡淑娟校長說。

「這裡的老師都很用心，會為孩子創造各種學習機會。只要肯努力，就算是待在小校，也一定不會輸人！」廖佩玲提起，當初會把女兒轉學過來，就是因看上此地環境優美、民風純樸；而這所被丈夫喻為「全國最划算的公辦森林小學」，也確實沒讓他們失望。原本鬱鬱寡歡的女兒，來到桐林國小沒多久，整個人就開朗起來，還會跟著同學到處跑跳；因此，他們又把兒子直接遷來就讀。

後來，陸續又有幾位大學教授和企業家把孩子轉學過來，所著眼的是桐林除了有美景外，老師教學也很認真，不論對課業、藝術、人文、生態等教育都很重視，可讓孩子獲得五育並進的發展。

外地轉學生都如此喜愛這裡，更何況是本地的孩了。二○○九年剛從桐林國小畢業的林婉琪說：「我好愛好愛學校，也很喜歡桐林村，如果可能的話，很希望以後能回鄉服務。」

這位出自桐林村、一手被桐林國小栽培長大的孩子，談到對家鄉和學校的感情，可說毫無保留；而她會那麼熱愛這塊土地，也是因在學校時，老師常帶著他們進行多元化的學習有關。

「我會捏陶、打棒球，也會拗龍眼，而且還拿到了閱讀『小博士』呢！」以優異成績畢業的林婉琪說，除了課業，她對其他學習也很感興趣，如陶藝課，她做過碗、盤、杯子、面具、花瓶、筆筒等，早已擺滿了家中櫥櫃；還有生態課，老師會帶他們去做實地觀察、貼近土地，跟動植物做好朋友；而家裡的阿公也常帶她去摘荔枝、龍眼、鳳梨等。

「這裡真的給了我很多的愛，我感覺自己不僅是父母的孩子，而是整個社區共同的寶貝！」即使已經畢業了，但一個盛夏午后，林婉琪仍返回學校棒球場，觀看學弟妹練球。

對她而言，這個陪她度過六個寒暑、讓她盡情奔放的校園，實在有太多的成長記憶。望著不遠處的教室、圖書館、青桐林廣場，排成一整列，她的視線已漸模糊了……那是不捨的淚水，也是對母校的離情依依。

小狀元遊街
台中縣新社國小

「噹、噹、噹，小狀元來了！」一年一度小狀元遊街活動，每年二月都會在新社鄉街上熱鬧展開，這不僅是新社國小的一件大事，也是新社鄉民的一大盛事。當天，不但有守望相助隊負責開前導車，還有民眾沿街燃放鞭炮、敲鑼打鼓助陣，好不風光！
這種仿古禮而辦的活動，是新社國小一大創舉。每位孩子上街前，都必須通過「讀經認證」，亦即熟背四書五經；而把關者就是學校的愛心媽媽，她們不一定是家長，但同樣來自社區……

素有中部「陽明山」美譽的新社鄉，位處中興嶺北麓、大甲溪南岸的高原上，受地理條件限制，較鄰近東勢鎮開發為晚。

九二一地震造成山區土石鬆動，傳統以種果樹為主的新社鄉，在幾次風災帶來的土石流沖走果園後，產業慢慢轉型；改種植香菇並發展觀光休閒農業，連帶也促進地方的繁榮。

位處鄉間的新社國小創校超過百年，四周綠意環繞；地震後全校幾成危樓，只餘一座舊校舍可使用。

「震後，大家對學校的關心突然增加了，可能有種『失而復得』的感覺吧！」新社國小教務主任、已在校任教二十四年的高素琴說，這是過去未曾有過的經驗。

五年前才自總務主任退休的巫季芳表示，學校九成家長都是新社國小畢業。震前，家長多半僅會出錢護持學校；震後，行動力卻一傾而出，如讀經認證、圖書借閱、交通維護，乃至於擔任桌球、槌球教練等。

「那一震，真是個轉捩點！」巫季芳認為，在地鄉親目睹了整個重建過程中，不論硬體建設或軟體心理輔導，外界資源不斷湧入，因而產生一些衝擊，更願意站出

來自助助人。

親幫師、師幫親，全鄉動起來

重建期間的新社國小，確實歷經了一段磨難。在樹下的帳棚教室上課，悶熱、被蚊蟲叮咬都不稀奇，還常有蛇出沒，要勞動家長來幫忙抓；搬進組合教室，媽媽們入駐班級教導唱歌、比手語等，協助安撫學童情緒。

學校也很體諒一些受重創家庭的辛苦，長達一、兩個月，都在下午四點放學後成立安親班，老師義務留下陪孩子寫功課，好讓家長們可以無後顧之憂進行家園重建。這種親幫師、師幫親的舉動，在災難當頭尤顯可貴。

新社國小是慈濟援建希望工程第一所完工的學校，二〇〇〇年六月三日舉行動土典禮，隔年一月二十日，師生們即歡喜入厝。

因為操場用地上有簡易教室和二十二戶大愛屋，校舍竣工滿兩年，操場才動工重建。當時包括校長、老師、家長及學生們都動員起來，接連幾個假日，大家捲起袖子一起鋪植草皮；操場上男女老幼皆有、滿滿都是人，可稱是新社鄉一次大團結。

「戴上帽子、穿上雨鞋，肩上扛著借來的鋤頭，我就這樣上工了！」老師黃淑梅說，別人都來幫忙蓋校舍和操場了，她是學校的一分子，怎能不出點力呢？

雖在烈日下工作，她的臉被曬紅了，汗水也一顆顆滴落，但付出的感覺很快樂。而最令她懷念的是，聽到香積志工一聲號令：「暫停一下，大家吃點心囉！」此時，真的有那種同甘共苦的滋味上心頭。

「聽到孩子回家說，學校要鋪草皮，我當然很樂意，其實我早就想衝過來了！」家中出動五人的家長陳美惠說，慈濟把學校蓋得那麼漂亮，她感激在心，一聽到可以幫忙植草皮，當然義不容辭。她甚至還藉機教育孩子：「學校是你們學習的場所，有義務要盡一分心力；等將來長大了，就可很驕傲對下一代說，操場上的草皮，有你付出的辛勞！」

禮敬師長、感恩鄉親，奉茶行大禮

新社國小會有如此強大凝聚力，絕非偶然，那是經過一連串重建事件的試煉。

在簡易教室上課期間，黃世忠校長堅持要推行「每週一書」活動，每週三下午由老師輪流做讀書心得分享，帶起學校的讀書風氣。

繼任的蔡淑娟校長，又針對低年級學生推動「讀經認證」，且第一年就嘗試讓過關的孩子去「遊街」，引來熱烈回響後，連中高年級也加入「讀經」行列。現任郭金蓮校長沿襲了此項傳統，通過認證者愈來愈多，每年有高達六百位學生上街遊行，成為新社鄉一大盛事！

社區人士協助學校進行教學，在震後特別明顯；也因家長的熱心投入，才使得新社國小的讀經認證愈辦愈好。如今，每年過關的孩子已達六百人，成績相當傲人！

「初次辦遊街時，很多民眾都站出來歡迎，孩子們也覺得很光榮；一些沒過關者，還暗自在旁邊飲泣呢！」首屆讀經志工隊長林柚說，因是校友又住得近，就來學校當導護志工，沒想到蔡校長卻找她擔起召募志工之責，霎時讓她感到壓力沈重；所幸，第一年就有十多位媽媽報名，宛如打了一劑強心針。

林柚欣慰表示，媽媽們都很護持，大家會一起做狀元帽、木馬及縫製報馬仔衣服，把遊街活動辦得很風光，吸引眾人注意；也因此激勵了一些未過關的孩子，要更努力達成目標。

「為了趕製六百頂狀元帽，很多媽媽的

仿古禮而辦的小狀元遊街活動，是新社國小的一大創舉。遊街前，每位孩子都要下跪奉茶、禮敬師長，這在現今傳統文化漸流失之際，很具醒世意義。

手都做到起水泡，也有媽媽的手被紙割傷；但大家仍甘之如飴！」讀經志工蔣雪玲說，大家都認為「讀經」很重要，所以傾全力支持。

「在孩子還很純潔時，就給些正向的能量，很好啊！」蔣雪玲指稱，「四書五經」談的都是做人處事的道理，即便孩子還小、不懂字義，但背起來了，將來總會慢慢理解。

孩子臨出門遊街前，每個人都會戴上「狀元帽」，對著孔子畫像下跪行大禮，還要奉茶感謝師長的栽培。那一幕，讓很多家長都忍不住落淚了。蔣雪玲說：「這是一種『尊師重道』的作法，在現代社會尤其難得！」

讀經志工魏碧玉說，學校為「小狀元」舉辦的一系列活動，很有意義；包括孩子必須按表背誦、歷經層層關卡，才能通過認證。「一旦取得『小狀元』資格，又要遵循古禮，禮敬師長、感恩鄉親，這在當今傳統文化漸流失之際，很具『醒世』作用。」

魏碧玉不諱言地表示，地震後，她與丈夫原已遠離家鄉搬到台中居住，後來覺得孩子應當要有快樂的童年，不該侷限在教室和安親班、才藝班中過日子，才又舉家遷回新社；而選讀新社國小，就是因為學校有推讀經和閱讀。

家長義務推展，球隊打響名聲

學校用心辦學、家長熱心服務，是重建後的新社國小一大特色；大家不僅對「文科」相當重視，對各項體育運動也都戮力相助。

退休老師曾瑞珍早期負責訓練排球和

照片／新社國小提供

田徑隊，但這兩項運動選手身材需高大，加上家長又掛心孩子功課，人才選取十分困難，於是沒有身高限制的桌球便取而代之；即使重建期間，學校欠缺場地練習，他們仍設法在宿舍的塌塌米上，擺放一張球桌，讓孩子開打。

兩年後，桌球隊參加台中縣山線區比賽，拿到女生團體組冠軍，個人組也囊括前四名，終於為昔日的頹勢扳回一城。

近年來，桌球隊又加入了兩位新教練，其中一位是現任家長會長、鄉桌球協會理事長黃守正。他義務來教球，還傳授給球員很多新技法和訣竅，使得新社國小桌球隊成為不容各校忽視的一支勁旅。校長郭金蓮說，每次桌球隊出去比賽，所有住宿和旅費全由家長會概括承受，而會長本人還常自掏腰包買獎品鼓勵球員，對桌球的推展，真是不遺餘力。

「我只是盡自己一分力量而已，桌球隊會有好成績，全靠團隊努力得來的！」黃守正不願居功地說，三個孩子都在此就讀，本著回饋的心情，做點事也是應該的；更何況，打桌球是他最大的興趣！

「我也是因自己打出了樂趣，才進來幫忙帶球隊的。」義務擔任槌球教練的家長周敏華說，她是抱持「希望學校能更好」的想法，全力支援和協助孩子們練球。

周敏華受到大兒子的導師暨槌球教練蔡彤予的鼓舞，讓兩個兒子都去練了槌球；她因常在旁邊觀看，也產生興趣下去打球，後來五人還組成一支槌球隊去參加比賽。

如今也是槌球教練的她，堪稱是球隊最大的幫手，不但早中晚都可看到她訓練球員的身影，當接任輔導主任的蔡彤予忙不過來時，也由她全程負責操練；那架勢和認真的態度，完全就是個專業人士。

謙稱自己僅是掛名教練的周敏華，其實訓練球員很有一套；蔡主任和她並肩合作下，新社國小的槌球隊已打響了名聲，不論團體或個人組都屢在全國性比賽中奪得最高榮譽。

「我們的家長都很棒，若沒有他們幫忙，學校很多活動都辦不成！」校長郭金蓮感恩地說，目前志工總數已達六十八位，他們的熱心參與，讓學校的辦學成績愈來愈好；尤其在各校面對少子化減班的衝擊時，新社國小這學期卻多增兩班，即是明證。

志工魏碧玉很感謝學校願意讓媽媽們協助教學，大家為了共同理想做努力，心情是很愉悅的；而且幫助群體成長，自己

新社國小的運動風氣盛行，由來已久，如今又多了一些家長志工的協助，不論桌球或槌球對外比賽，戰績更是輝煌。

陶版牆是新社國小慶祝一百一十周年的獻禮，圖中小女孩對著校長郭金蓮指出自己所創作的香菇圖案，表示自己的心將永遠與家鄉和學校在一起。

的孩子也會蒙受其利，那是一種「相得益彰」的影響力。

「看到孩子整個『質』都提升了，我也愈做愈有信心。」志工廖淑閔也稱，她的兒子會讀經、閱讀、寫書法，還會打桌球、槌球等，允文又允武，等於是全方位發展，怎不令人開心呢？「與其說是我們在幫助學校，倒不如說是在幫自己。」

■

翻開歷史，清康熙年間，此地原屬泰雅族和平埔族的分布區；後來，客家人到此屯墾、租地開庄，才稱為「新社」；三十多年前，清泉崗為了蓋機場，又有好幾百戶閩人遷移至此，幾經磨合之下，大家早已難分彼此了。

正如家長會長黃守正所言，新社鄉本就是個大熔爐，無論什麼人來到此，都會被同化、都願為這片土地付出；也或如教務主任高素琴所說，她自幼生長在此，雖一度到外求學，但畢業後仍選擇回鄉服務，只因她是「新社的女兒」，對家鄉有很深的情感。

六月中旬，當我們走進新社國小，遠遠地就看見校園的一隅，有兩位小女孩正對著牆上的陶版指指點點。

這一片陶版牆，是二〇〇八年學校慶祝一百一十周年校慶時，校長郭金蓮特地邀請全校師生一起創作。擅長陶版藝術的她，還親自指導大家。各班作品完成後，愛心媽媽們全員出動，按色調、色塊進行排列，將六百餘片陶版一一黏貼上去，工程十分浩大。

問她們可有作品在上面？其中一位女孩指著蝸牛爬過香菇包的圖像興奮地說，她的作品會永遠被保留在學校裏。

茶與國樂饗宴
南投縣鹿谷國小

坐擁山間，煮泡一盅茶，三五好友圍坐在一起，遙望著遠方鳳凰山脈層巒疊翠，腳下麒麟潭流水潺潺……這是鹿谷鄉民得天獨厚的生活寫照。然而，他們並不以此為滿足，還想把茶精神再往上提升，變成更深邃的文化內涵。

鹿谷國小校長劉木燕在校園重建完成後，即開設茶藝課、成立國樂社，著眼的即是——文化要生根、藝術不能斷層。他憧憬的畫面是，農人白天採茶、晚上拉胡琴，該有多優雅啊！

位於南投縣西南方的鹿谷鄉，西鄰竹山鎮、北與集集鎮接壤，屬中高海拔地帶，境內群山環抱，氣候宜人，雲霧終年不散，以生產凍頂烏龍茶聞名全世界。在過去，鄉農會就很努力推廣茶文化，也不定期進校園教導茶藝；但把它變成必修課程，卻是地震之後的事。

茶藝，茶鄉學童必修課

「震後，大家愛鄉之情更加熱切了！」鹿谷鄉農會所屬的生活茶會成員陳秀櫻說，地震後學校和農會都認知到家鄉的產業很重要，必須要再加把勁推展下去。

以鹿谷國小而言，劉木燕於震後半年接任校長，重建一完成，他馬上引進生活茶會成員入校開班授課，經費全由農會補助，陳秀櫻則任駐點召集人。他們這組共十名茶藝志工，每週會輪流幫五年級學生上兩節課，一學期總共二十堂，結業後還發給證書，並為孩子舉行成果發表會，過程相當正式。

「茶葉是鹿谷鄉的經濟命脈，多數家庭的生活開銷和孩子求學費用都由此而來；孩子們當然也應懂『茶道』。」劉木燕表

儘管無專屬茶道教室，但透過茶藝志工的細心引導，鹿谷國小學生不僅能泡出一壺好茶，也能從茶中領悟到一些做人哲理。

鹿谷鄉以生產凍頂烏龍茶聞名，鄉內小學也全力推展「茶藝」教學，藉以讓在地人文深植於每個孩子身上。

示，要孩子去學製茶可能有困難，但基本的泡茶工夫卻不能不懂。

茶是鹿谷人生活的一部分，幾乎家家戶戶天天都要喝茶，即便自家不種茶，茶香也會飄散在四周。陳秀櫻指出，既是茶鄉之人，自不能對家鄉文化完全陌生，至少要會使用茶具，遇到客人來訪，也要能隨手泡出一壺好茶。

「只要『懂』就行了！我們並不要求孩子泡茶要很繁複，或像表演那樣花俏；而是要很生活化，能泡出自信和應變能力即可。」陳秀櫻說。

「會泡茶的孩子，對自己的肯定也會多一點。」大力推動茶藝進校園的鹿谷鄉農

銷售等全套作業，之後還去農會參加檢定，獲得了認證。

如今，再回歸學校教授茶藝，她有一種使命感，希望能將所學全部奉獻，讓文化向下扎根。「孩子要學會茶藝，才能真正代表是鹿谷人。」

學國樂，沒有門檻限制

擅長多項國樂器演奏的校長劉木燕，震後隔年即在學校創立「國樂社」，不知撫慰了多少受創孩童的心靈。「我希望培養學生能帶得走的才藝，這樣他一生就會受用無窮。」

「鹿谷國小學生人數並不多，所以只要想學，都可以來參加。」劉木燕表示，他對所有孩子都採取鼓勵態度，有位孩子本來規矩不太好，練習時，他就賦予重任，結果孩子表現得愈來愈好，參加全國性比賽還拿到第一名成績。

「回來後，老師發現他整個人都變了，懂得維護自己形象，也不再做出逾矩行為。後來他上了國、高中，仍繼續朝音樂之路前進。不論他將來成就如何，起碼品格上已獲得了導正。」

二○○九年暑假，教務主任何錦順一聲召喚，國樂社一票校友都回來了。考上竹山高中且同屬國樂團成員謝濟頤和賴宥辰表示，只要一想到在鹿谷國小所受到的栽培，就倍覺感恩；因此，他們很願意撥出一週的時間，來帶領「國樂營」的學弟妹們。

主彈琵琶的謝濟頤說，國樂社成立那年她才小二，沒法參加；到了暑假，學校有

會推廣股長林獻堂表示，相較於過去孩子一看到訪客就躲起來，現在鄉內的孩子顯得大方多了。遇有客人來訪，家長還會很驕傲地說：「我讓孩子泡茶請你喝！」

「文化傳承很重要！」另一茶藝志工張素鸞說，過去只會喝茶不會泡茶，後來嫁作茶農婦，才重新學習包括生產、製造、

文化傳承在鹿谷國小隱然成行，暑假期間，青年校友返校參與國樂營，傳授學弟妹寶貴的經驗和技法，也因彼此年齡相近，達到不錯的溝通與學習效果。

開辦「國樂營」，一上課，她就深深被吸引住。即使在組合教室上課很克難，然優美樂聲隨處飄送，更激發起大家克服困境的信念。

「暑假學了一週，我覺得很喜歡，就繼續練下去了。」賴宥辰說當年她學的是揚琴。「除了笛子以外，所有樂器都是校長募來的，一些老師也是外聘的，但同學們卻不需繳費，一概由學校承擔。真的很慶幸有這麼好的學習環境。」

剛升高二的謝澦頤說，她一路受到校長和老師的調教，才有不錯的程度，也培養出上台的勇氣，如今母校有需要，她義不容辭。「過去我們受到學校那麼多照顧，現在盡點力也是應該的。」

「在教他們時，我好像也看到了過去的自己。」賴宥辰說以前在學校，師長們都是如此諄諄教導，現在的她也只不過是把老師教的那一套，再重新複習、傳授給學弟妹，每一步驟、每一叮嚀，都是那樣熟悉，真有如往事一樣歷歷在目……

「這次大膽起用他們來教學，算是成功了！」何錦順喜不自勝地說，以往學校的營隊都是找大學國樂團來帶，效果雖不錯，但號召校友回來教導，他們年齡更貼近學生，彼此互動親密，意義也大大不同。

「我不怕你學不會，就怕你不學！」何錦順說，這是劉校長常掛在嘴邊的一句話，儘管經費短絀，學校也要盡力想辦法籌款，所著眼的即是——文化要生根、藝術不能斷層。

退而不休，深耕在地文化

「我很認同劉校長的『文化傳承』理念。」陳秀櫻的長子學二胡、次子學笛子，為了鼓勵他們練習，當初她是用半強迫半稱讚的方式，才讓他們慢慢建立起信心，如今兩人都上國、高中了，依然在國樂團很活躍。

「我不要求他們學得多專精，但至少當作是一種興趣。」陳秀櫻說就像泡茶一樣，只要會就行了，至於要練到什麼程度，就全憑個人喜好。

也有兩子學國樂的蘇瑞芳提及，長子國小畢業後，到花蓮慈濟中學讀書，當時面試的校長歐源榮，曾是南投旭光國中校長，他一看到兒子揹著二胡、又得知是鹿谷國小畢業，立刻就問：「你是劉木燕校長的學生喔，那肯定沒問題！」

蘇瑞芳的兒子一入學，就成為國樂團的首席樂手，後來又勝任社長職務，負責教導其他團員練習。這一連串的表現，都讓做父母的他們感到很驕傲。

「文化工作一定要做，且要和地方產業相結合，才能獲得更好的發展。」劉木燕所憧憬的畫面是——農人白天採茶、晚上拉胡琴，該有多優雅啊！

他想把國樂與茶藝做更緊密融合，由學校擴及社區，讓鹿谷鄉充滿人文色彩。「喝清香茶時，配上輕柔音樂；喝醇厚茶，就搭配激昂的琵琶獨奏曲……如此一來，鹿谷鄉就能成為一個有品味、又有人文素養的好地方。」

縱然退休了，劉木燕仍常奔忙於學校與社區之間，「我希望，將來孩子不管到外面工作或出國留學，走出去就是鹿谷人，會泡茶是必備才能，若加上又會演奏國樂，那就更能受人敬重。」

■

作為一個土生土長的鹿谷人、又畢業於百年老校鹿谷國小的劉木燕，他對家鄉的感情很深，也對後代學子有著殷切的期許。因此，當慈濟援建的新校舍落成啟用時，劉木燕決定邀請歷屆校友回來參與，結果引來熱烈回響，甚至連日治時代的老校友也回來了。

「那天真是盛況空前啊！」第三十二屆畢業校友蘇瑞芳即稱，很多人從學校畢業後，就極少再踏進校門，一方面是因過去任教的老師都已退休，找不到熟悉的人敘舊，另方面也因大家都有事忙或出外打拚，漸漸就與母校脫節了。

如今再重回校園，很多舊有景物雖已不在了，但蘇瑞芳卻不覺得惋惜：「畢竟建築物都老了，那種老背少、不同時期疊上去的教室，本就不穩固；能藉此拆除、做整體規畫，再煥發新風貌，很好啊！」

他表示，重建後的新校園放眼望去，是一片開闊的視野，從近到遠也很具穿透性，再由上方鳥瞰底下，「真的有如大鵬展翅，準備高飛！」

十年後的鹿谷國小，正以深厚的在地人文，全力培育莘莘學子，使他們向人生下一階段展翅高飛。

小校的
美麗與自信

撰文-葉文鶯　　攝影-林炎煌

經過時間淘洗，新生的校園美麗依舊，

樸實無華的灰色洗石子外牆，愈顯得好看。

校舍，是師生傳道授業的學習據點，

而眼前這實用、美觀又充滿趣味性的校園，

給人到此觀光嬉戲的空間錯覺感。

偏遠地區小學校，資源輸入不易，

要能培育人才輸出、被社會「看見」，更加不容易；

儘管只是四十到一百名學生不等的小學校，

卻散發一股不平凡的自信、美感與生機……

走出荒煙蔓草地
南投縣爽文國中

爽文國中重建當年只有六班，預估未來可能增至九班，因此校舍規畫中活動中心的設計超出小校應有的量體；教育部最初不同意這麼大的樓地板面積，校方決定減少兩間專科教室，保留原設計。

如今，空間大又透明的活動中心，方便學生從事各項運動，四校教學策略聯盟成果、跳蚤市場等活動都在此舉辦，已經成為學校的「心臟地帶」。

援建當時校長謝百亮肯定表示：「有好的校舍，學生的基礎發展才能出來。」

十二年前，初來乍到的年輕實習老師形容自己踏進一片「荒煙蔓草」——男學生打赤膊在穿堂打滾，女同學蹲在地上聊天；他到村莊繞了一圈，發現學校是社區的縮影。

新來的他被指派負責舉辦運動會。操場跑道沒畫線，他和學生到後山砍竹子，讓一名學生揹著綁好的竹架走在前面、另一名學生跟在後面撒下白粉，畫出的跑道還是歪的，令他洩氣極了。

學生生活教育差、學習意願低落，加上同事間氣氛沈悶，當實習結束準備當兵，他知道自己只是一名過客。

了無生氣的中寮鄉爽文國中，二〇〇一年四月自地震的毀壞中站起來，從校舍到學生素質完全改觀。在校方製作的一份特色簡介，學生右手拿樂器、一手持調色盤，頭上還頂著陶藝作品，開口笑、邁步走，象徵「快樂學習、大步向前」。

圖像設計者，正是當年失望離去，退伍後卻返校執教至今的國文老師王政忠。個人生涯戲劇性的選擇只是開端，幾年來師長們用心經營，才教今日的爽文國中充滿希望。

學生愈來愈少，素質愈來愈好

位在北中寮的爽文村，距離南投市只有四公里，但它位在邊陲地帶，比起南中寮，在人口、交通及產業發展的條件上，早期便屬於落後的弱勢地區。

一九六八年獨立設校前，爽文子弟必須繞大半圈到南中寮就學。隨著香蕉產業興盛、人口大量遷入，得以設校的爽文國中，延聘師資一直很困難。據校史記載，新來的老師第一天報到，望著眼前一片荒地，找不到學校的路，一不小心就走到墳場去了！

產業興衰帶動人口消長。一九七七年爽文國中高達十五班、七百名學生，學生素質還不錯；後來產業沒落、人口外移，漸漸減至六班，社區內出現遊手好閒、吸毒者，單親、隔代教養的家庭也增多。

一九九八年校長謝百亮到任，六個班級只有一百二十三名學生，人數降至歷年最少。儘管如此，謝百亮並不悲觀。小校人力不足、經費不夠，他仍堅持從藝文教育著手，外聘師資開辦陶藝、美術課程，陶冶學生氣質。「人人不一定成為音樂家、藝術家，但至少懂得欣賞與鑑賞。」

謝百亮指出，學校近南投市，想從縣內

調進南投市的教職員將此當作最後一塊跳板，因此校內師資年齡偏高，教學方法保守而消極；直到地震前幾年，一波資深教師退休、教改實施又造成一波退休潮，師資汰舊換新，為校園注入了新血。

以往每屆新生約四、五十人，謝百亮來的這一年新生僅三十二名，卻出乎意料比往年優質。謝百亮讓新生維持兩班，不僅擁有小班教學優勢，學生的生活教育也容易要求。爽文國中因此進入了蛻變期。

可惜不過一年，地震毀壞校舍、學生轉學，全校人數減至九十八人。謝百亮依然懷抱希望，他認為如此一來，老師更容易發掘學生個別專長與差異，因材施教。

而此時，正在離島當兵的王政忠，從電視畫面得知中寮鄉災情慘重。設籍南投的他回到爽文國中探望，學校沒有人，他來到村民避難的爽文國小。「老師，您怎麼回來了？」兩名女學生跑過來，餘悸猶存地告訴他某同學遇難的消息。「那時，我覺得他們好需要我！」王政忠離去時猶豫著：「我真的要走嗎？」

翌年春天，服役最後一次休假的他再度回到校園，謝百亮校長拉著他坐下來聊

爽文國中校門口有八十五級階梯，寓有「步步高升」意象，卻因學生慣走側門而淹沒在荒草間。校舍啟用後，學生恢復「走大門、行正道」，兩旁老榕樹夾道庇蔭，拾級而上，前景開闊而清朗！

聊。兩人談起弱勢孩子、文化不利、城鄉差距……校長的誠意打動王政忠，他決定回來一起努力。

結合當地小學，延續藝文發展

沒沒無聞的爽文，地震後湧進許多外援。一貫道團體為鄉親們煮食、搭帳棚、修護水電設施；爽中學生復課後，有團體支持校方設備與經費，大專師生也到學校關懷……

「孩子接觸外界，觀念、態度都在轉變；主動學習、基礎紮實，生活教育也提升。」謝百亮欣慰地說，地震後日子雖辛苦，但最明顯的是外來刺激啟發學生；更幸運的是，學校名列慈濟第一批援建名單中。

在師長小心翼翼呵護下成長的這一屆學生，果然不同凡響！學業、技能表現不錯，有學生一路從第一志願高中考取國立大學、醫學院。

大學畢業，正開始實習教師生活的李琪瑋，地震那年剛升上國中。「學校倒了，只是學習上少了教室、電腦等設備。但重建工程卻引領著我們的希望！」住家半倒的李琪瑋很樂觀。「九二一」至今留在她腦海的印象，並非驚惶與傷痛，而是那個夜裏，村民們毫不猶豫地同心協力、相互幫助。「平常大家都有各自不同的生活，但九二一讓團結的力量毫不猶豫地展現出來！」

一向平靜的校園遭遇大災難，教師體認災後必須自立自強，帶著學生整理殘破的環境，將廢棄工藝教室變作辦公室，從帳棚到簡易教室，師生凝聚一股前所未有的

在經費短絀下，爽文國中絲竹樂團靠著募捐、申請補助，採買樂器、聘請專業教師，艱難地維持著。每一屆學生人手一技，誰說鄉下沒有人才！

向心力。

重建後，社區變得有次序，學校也改頭換面。文化瓦、斜屋頂、洗石子牆面，加上迴廊、短墩和綠油油的草坪。「感覺我們的時代正在改變，這是考驗；外來資源促進地方的進步，這是機會。看到建築物的重建，這裏的風氣也微妙的變化著！」李琪瑋說。

「學校那一年的改變，也引起家長對學校的關心度。」剛從杏壇退休的謝百亮，多年後重提舊事，只道是：「辦教育，誠如上人所言：願有多大，力就有多大！」

地震後，謝百亮保留部分捐款發展學校特色，特別是陶藝、美術創作，不失為災後最好的心靈療法。二〇〇三年，續任校長廖大齊在陶藝、美術靜態課程外，成立絲竹樂團；縣府補助購買樂器、外聘師資。

樂團成立三、四年，逐漸在比賽中展露頭角；美術教學成果也令人刮目相看。校

內除了舉辦美展、藝文展，二〇〇五年爽文國中學生更在世界兒童畫展版畫組，囊括了南投縣十八個獎！

教務主任王政忠指出，全校六班只容許十二名老師的編制，一般說來，小學校的美術、音樂課容易被犧牲。「大家都驚訝我們的老師怎麼這麼會教！」他笑說這是爭取資源、透過配課，外聘專業藝術師資造就的成果。

爽文、清水國小有國樂團和直笛社，永和國小則發展陶藝、扯鈴。謝百亮在任期間，與在地爽文、清水、永和三所小學校長常有交流，四所學校年度舉辦聯合運動會，偶有活動也安排各校表演。這是北中寮聯合四校「教學策略聯盟」的雛型。

推行「學習護照」，在榮譽中成長

沿學校後山靠近活動中心路旁，陸續停放了汽、機車及農用車。家長腳穿雨鞋，甚至還來不及脫下袖套，三三兩兩來到活動中心會場，或站或坐觀賞孩子們演出。在偌大的活動中心，直排輪、獨輪車在台前快速穿梭，令人目不暇給；不一會兒，台上絲竹樂演奏、英文話劇表演，也展現學生不同的才藝。

出席，正說明家長對子女教育的重視。學生與家長共同期待的更是下午的「跳蚤市場」，開放四校學生憑著平日的「學習護照」積分，兌換師長募集的二手商品。

「學習護照」的前身稱為「積點卡」，這張「積點卡」得分可以用來消過、記功。然而獎勵對象明顯針對「好」學生，無法對所有學生產生吸引力。如何讓所有學生均有意願收藏積點卡？讓他們有動力替自己累積點數？

八、九年前的某天，特教班女老師提了七袋衣服到學校。「學生說老師漂亮、衣服也漂亮。把不常穿的二手衣當作獎勵，學生都很高興！」女老師的此舉教王政忠靈機一動，結合教師募集二手商品舉辦跳蚤市場，要讓學生憑著「積點卡」，也就是後來的「學習護照」得分，兌換喜愛的獎勵品。

不只語文抽背、大考、英文檢定、模擬考等成績可以得分，舉凡有禮貌、掃地清潔、面帶笑容、讚歎別人等善行，生活禮儀表現也可以加分；而且全校教職員都可給分、扣分，目的是讓學生從小在榮譽、獎勵的制度下成長。

二〇〇四年學校首次舉辦「跳蚤市場」，二手商品中挑出十二項「精品」，開放學生競標，藉以炒熱氣氛。其中有個全新火烤兩用鍋，男、女同學在家長鼓吹下展開競標，後來男同學因為點數不夠而放棄。

「以後學習護照要給我看！」男學生的家長半開玩笑地這樣說著。從此，更多家長開始關心孩子在校的表現；這也成為活動的附加價值。

第三年起，爽文國中這項榮譽與獎勵制度，擴及爽文、清水、永和三所小學；每年六月四校聯合舉辦「藝文教學成果展」、「跳蚤市場」，十二月固定舉辦聯合運動會。「四校教學策略聯盟運用特殊獎勵制度，整體提升社區內學子的知識、技能與品格，成果令人刮目相看！」王政忠說。

王政忠印象深刻的是有一名小學生，平

常乖乖寫功課，目的是想以學習護照點數，兌換保溫瓶送給媽媽，讓她冬日外出工作時使用。「我們塑造環境，引起學生學習動機和氣氛。所有人可以透過改變、提升，獲得獎勵。」王政忠指出活動最重要的宗旨。

地震前，爽文國中畢業生僅一兩成學生考上公立高職，能擠上公立高中的寥寥可數，百分之七十學生就讀私立高職，然而家庭經濟條件不佳，往往還中途輟學。這幾年情形有所改變，爽文國中學生大約有七至八成能考取公立高中職，甚至三年前還出現了二十幾年來的第一個第一志願，

升學成績不知不覺有了甚大的突破。

王政忠指出，相較於大學校將重點放在前段班學生，爽文國中希望學生從中等提升到中上，下等提升到中等，教學重點放在挽救中後段班學生。「要讓所有學生都能向上提升。」

短短幾年，爽文國中校園再也看不到打赤膊談笑的男孩、蹲在地上聊天的女生了！琴棋書畫至少一樣行。如此文質彬彬、愛鄉愛校的學子，教人看見深植教育的力量！

「升學表現的提升是無心插柳的驚喜，學習態度的改變才是有心栽花的感動。」

教務主任王政忠所組成的畢業校友壘球隊，不只是一支假日在操場練球的隊伍，更將校友愛校的心擴展為一股在地的志工力量。

王政忠這一年來常受邀前往外校分享爽文國中的蛻變，而這是他最常下的註腳。

爽中青年成軍，延續在地力量

夏日午后，操場天空烏雲密布。王政忠一身黑色球衣褲，正投球讓學生揮棒，勁道十足。早些年，熱愛運動的他在校兼授體育課，帶國一、二學生打壘球，國三學生為了衝刺學業，被規定暫時離開球場。

四、五年前，思及學生畢業形同人才散去，王政忠遂組成校友壘球隊；高中、大學畢業校友們單週返校練球、雙週進行比賽，球隊人數近三十人。

壘球隊將校友的心留下來。二○○八年十二月學校舉辦四校聯合運動會，四十多位校友來幫忙。王政忠感動之餘，寄望這支球隊不只聚在一起打球而已。就在這一天，他登高一呼，由九二一地震後的畢業校友組成的「爽中青年軍」正式成立，在地的年輕力量於是匯集成河。

剛升上大二、高二那年加入壘球社的徐筱婷，在志工社團成立不久，即申請青輔會經費、參與志工培訓，學習如何寫企畫、經營志工團隊等。成員幾次主動相邀在故鄉旅遊景點淨溪，二○○九年暑假又針對在地小學生開辦第一屆棒球營，藉戲劇、闖關遊戲等，呈現孝順、禮貌等主題，寓教於樂。

王政忠帶著他們前進，但是放手讓年輕人去做，他樂於從旁輔助。

看出師長的有心以及青年軍的熱忱，在爽文人稱「廖爺爺」的廖修霖，主動提供住家一樓的「瀧林書齋」，作為青年軍的「總部」。

鴨舌帽、西裝褲搭配球鞋，裝扮一派優雅、笑容可掬的廖修霖，軍旅退休後憑著訓練有素的外語能力從事外貿多年，在世界各地闖盪，曾定居美國十多年。為了孫子的健康，六年前他帶著母親、妻子和孫兒，遷居中寮清水村瀧林巷，孫子目前就

廖修霖開放書齋當作爽文子弟的大學堂，學生在此接受各項課輔。「廖爺爺」的英文課不同於美語補習班，教授內容多為英美詩作、唐詩和台灣現代詩作英譯作品，富含文學性，深受學生喜愛。

「爽中青年軍」組成分子多為在外就學的畢業校友，這群年輕人以廖修霖夫婦提供的
「瀧林書齋」作為訴說夢想、凝聚共識的志工「總部」。

讀爽文國中。

「瀧林書齋」這個大書房約有二十坪大小，牆上書櫃全是佛學典籍。篤信佛法的廖修霖、劉碧麗夫婦，捨得放棄清靜，開放書齋作為社區學子們的「大學堂」，每週一至週五，北中寮中小學生放學後，可以到此寫功課、接受免費課輔。清水國小校長林宜城夫婦輔導數學，在地家長、藝術家為學生上作文、美術，廖爺爺則擔任英文老師。

廖修霖夫婦雖是外地人，但關心學生學習以及在地中高齡人口失業問題，五年前將原本設在中國上海的外貿公司製造工廠遷回中寮，提供在地婦女就業機會。

近兩年，受全球金融風暴影響，外銷訂單銳減，他和太太還成立「中寮阿嬤布工坊」，由劉碧麗親自設計布包、爭取訂單，繼而研發「中寮阿嬤草本手工皂」，目的無非在增加婦女收入。

從學校到社區，北中寮散發一股前所未有的朝氣與活力。

徐筱婷記得國一時老師說：「如果你們不用功讀書，以後就留在鄉下！」給人感覺留在鄉下表示沒前途；現在的她卻認為，年輕人即使到外面讀書，還是會想回到爽文，奉獻自己的一分心力。

這樣的北中寮，在地震後十年裏，以爽文國中的多元教學為支點，透過王政忠帶領的在地新生力量，撐起希望工程的旗，迎風招展在藍天白雲裏！

看見「桃花源」
南投縣桃源國小

地震前，埔里桃米里的青蛙，叫聲一點也不值錢；重建後的「桃米生態村」，蛙鳴竟能吸引遊客，增加農民的收入。
「知識經濟」創造農民的財富。全校只有四十名學生的桃源國小，在慈濟援建下突破鄉下小學的格局，學生也找到自己的亮點。
「九二一」是個大不幸，人們不希望有災難，卻也因它帶來轉變的契機。

風，從溪邊上岸。乘著那一排「綠林衛兵」——黑板樹午酣之際，潛入操場的溜滑梯嬉戲。過了一會兒，美麗的灰色「城堡」傳來輕柔的排笛樂聲，更招引風兒來到窗邊探頭。

排笛社十多位學生正在社團時間練習。前一天才在台北召開的「九二一十周年」紀念活動記者會擔綱開場，表現落落大方，孩子們臉上都有光。

隔著桃米溪，操場對岸炙手可熱的旅遊景點「紙教堂」，每逢假日總吸引兩、三千名遊客前來。這裏，也成為學生展現才藝

的舞台。排笛社應屆畢業生吳宇峰，連續幾個假日在遊客面前獻藝，不但替自己賺得畢業旅費，還捐助社團費用。

「他來交錢，倒出來都是十塊錢，我很感動！學生出去亮相後自覺不足，回來就主動請老師多教他們幾首。」校長蔡鳳琴樂見學生為了滿足聽眾，更加勤練、自我提升。

桃米多山，耕地面積不多，年輕人口外流；居民多以種筍、賣山泉水維生。隱身在中潭公路旁的桃源國小一如山村的氛圍——平靜、平淡、平凡而封閉。

在此任教十六年的林淑芬，記得當年通往學校的是條蜿蜒小路，只容一車經過；學生生活單純、缺少文化刺激；家長對學校這道圍牆存在著敬畏，很少走進來，對子女的教育也難以表達關心；學校資源少，教師只能提供學生基本學習，學生也很難參與對外競賽。

震災後，接受外界關懷與援助；桃源國小重建後的美麗校舍常被誤以為是一家民宿，吸引遊客腳步前來。此外，蓬勃發展的排笛、跆拳道、踢踏舞等社團，更讓學生驕傲走出校園，一如桃米社區的青蛙打響名號。

鄉下孩子學音樂不容易，排笛社教孩子發現自己的亮點，也創造舞台，讓小學校被「看見」。

乘著溪邊吹來的風，學童開心地盪鞦韆，後方的美麗校舍常被觀光客驚為大型民宿。

實現理想校園，凝聚在地情感

地震前，桃源國小的校舍為六〇年代所建造的磚房。

四十多歲、在桃米經營休閒農場的校友陳俊男表示，當年母校有十二個班級、三百多名學生，每天依路隊放學往山上走，相當可觀。

只可惜校舍老舊，「哪個地方壞了，不斷補來補去；到最後學校只是『有建築物』而已，很醜！」他爽快做了結語。

三分之二校舍在地震中毀壞，校方以木板將三間教室隔成五間，讓師生緊急復課。教室雖窄，吃中飯必須到教室外面打菜，大家共體時艱，毫無怨言。當務之急是校園重建，校長楊曜銓與教師、家長、社區民眾集思廣義勾勒校園藍圖，可惜教育部所能核發的經費短絀，連理想校園願景的一半都蓋不成。

「桃源國小的未來恰如『桃花源記』的仙境茫霧般，不知如何以繼……」楊曜銓感慨半年來積極規畫淪為紙上談兵，心情茫然。

隱居山間、名不見經傳的桃源國小，眼看孤立無援；一趟花蓮靜思精舍之行，親向上人表達師生的企盼，終獲援建。

師生搬進簡易教室，志工在校園展開「安心計畫」。林淑芬發現，外在環境的克難加上慈濟人文的洗禮，讓學生變得格外懂事。

「最令人感動的是社區除了捐贈各種自

家栽種的樹苗，每到假日，社區人士、學生及家長、志工成群結隊來進行景觀工程。大家搬磚、鋪磚、植樹，還挑菜、煮飯供應餐食，在地和外地志工一起做工、吃飯……」即使事隔十年，林淑芬仍難掩激動地說：「那時感覺社會上有愛心的人真的很多！」

校史記載，一九八〇年學校興建操場，因經費不足，老師帶著六年級學生到桃米溪坑撿石頭，再由五年級學生將石頭從岸邊搬回學校做地基；大人小孩合力辛苦了三個星期，終於建好一座操場兼球場供學生使用。

九二一災後重建，也啟動這一股昔日合力建校的精神，凝聚在地老、中、青三代的感情，村民再度與學校產生連結。陳俊男說，自他畢業家中再無成員就讀母校，這回他的父親也投入了志工行列中。

結合社區資源，師親生共成長

地震重創下的桃米里，三百六十九戶居民中，一百六十八戶全倒、六十戶半倒，六成以上受災。透過新故鄉基金會積極引介各輔導團隊，桃米居民逐步打造生態村，為這個沒落的山村開啟希望。

循著社區發展，桃源國小教師也利用在地資源進行生態教學——帶領學生參觀社區內馬場、牧場、金線蓮栽種園地等，讓學生親近大自然，多了解動植物生態特性，豐富視野。

「桃米家長大多國、高中畢業後，留在家鄉種筍、賣山泉水。重建期間，家長利用晚間上課，吸收社區總體營造的新觀念；

家長的成長也促成孩子的改變。」蔡鳳琴指出，現在的學生對「九二一」或許沒印象了，也不知道以前校舍的模樣，但是他們都對社區和學校感到驕傲，因為他們的父母復育自然生態，並且人人會講解。

「重建後的桃米社區具人文特色，已經不同於一般的鄉下。十年來，社區成長的速度比其他地區更快、更明顯。」蔡鳳琴說，生態旅遊提升民眾觀念，連雜貨店阿婆面對絡繹不絕的外地人，也泰然自若，應對自如。

地震發生時就讀埔里國小的王首仁，是當年第一批到台北寄讀的埔里災區學生，直到聖誕節才返鄉；隨後舉家遷進桃米里，也在組合教室上課。

母親楊總鳳說，桃米過去是小鄉下，地震後居民朝生態旅遊村發展，家長開始上動植物生態課程，平日也帶孩子參與活動，這些都是難得的生活體驗。

「我想讓孩子的童年多一點綠色，孩子在桃源國小很開心，學習能力也不差。小學校師生關係互動良好，教學方式也較活潑。」楊總鳳笑說，連她父親也逢人便宣說桃源國小的優點，希望學區內的孩子不要流失。

空間設計無形中也改變人的互動關係。學校善用社區資源，而社區對於學校的參與度也提高了，蔡鳳琴認為其中原因正是「慈濟興建的是開放式校園！」

「教育不只是學校師長的責任，家長與社區人士也要參與。」校友兼學生家長詹宏智，義務擔任學生書法指導老師。身為慈濟委員的楊總鳳具美術專長，也擔任環

學生自小學習跆拳道，身手有模有樣，均衡發展體能。

保美術社團指導老師，教導學生利用資源回收物，製作創意美勞作品。

爭取經費，培養學童特殊才藝

在二樓專科教室，除了排笛社利用視聽教室練習，另一端木質地板所鋪設的多功能教室裏，埔里道館教練林遜良正在指導低年級學生練跆拳道。但見孩子們一身道服，扭腰、踢腿，動作迅速敏捷，身手真有兩下子！

地震後，教育部補助經費，鼓勵「一校一特色」，校方利用現有教師專長並外聘專業師資，陸續成立了節奏樂隊、排笛、跆拳道、踢踏舞、桌球、環保美術等社團，培養學生藝術、人文、體育與生活技能。

「若非學校發展社團，家長大概無力栽培。」排笛社指導老師陳宜男指出，一般孩子學琴，一節學費大約八、九百元；而排笛需求量少、造價高，一支笛大約三千元，對家長也是一項負擔。

「學生只要有興趣，家長都不必花錢！」蔡鳳琴說，校方盡量爭取經費，讓學生依興趣選擇社團，重點是學生要能苦練才能學到才藝。

自認昔日對母校沒有任何回饋的陳俊男，見母校煥然一新，加上校長有心辦學，桃源子弟的未來充滿希望。「桃源國小沒幾個學生，沒想到慈濟願意在鄉下蓋小學，而且蓋得這麼漂亮！」他除了協助爭取「小秀才學堂」經費讓學校從事學生課輔，一回聽聞台南一所小學發展掌中戲、還應邀到美國為僑胞演出，「我就在想：『我們』桃源國小有什麼？」

一年前徵得校長同意，他募集經費支持開辦踢踏舞社，聘請台中教師指導至今。桃源國小四十名學生中，有三十位男孩，一般說來舞蹈學習偏重女生，但是踢踏舞男、女皆宜。

舞衣、舞鞋均來自贊助，當學生拿到全新舞衣、舞鞋，蔡鳳琴教導學生如何洗滌鮮豔的舞衣、不使褪色，以及上台前如何自己綁出漂亮的頭髮。

上台獲得掌聲，固然替學生帶來動力，蔡鳳琴卻不希望學生養成「跳舞很偉大，衣服丟給爸媽洗」的心態。「這些細節都是一種學習，包括上場前如何調整心情不怯場。學生一次次嘗試，有了經驗便相信自己的能力，不會妄自菲薄。」

她到任後利用午休時間訓練中高年級學生語文，這幾年參加百人以下學校國語文競賽，成績名列前茅。教育部長蒞臨學校訪問時，學生皆能對答如流、台風穩健、表現大方，她也感到與有榮焉。

化解併校危機，朝精緻化發展

「如果還在風雨飄搖的學校，學生如何安定學習？經過十年重建的努力，我們已

經是『希望工程』示範區，希望孩子也能記取學校曾經困頓與受助。」蔡鳳琴感謝慈濟援建，學校才有今日的發展。

此外，她發現慈濟校園設計重視細節，優於傳統的教育空間。首先是顏色。「孩子活潑，喜歡五顏六色，一開始我也覺得灰色太樸素；但是社會上的五光十色已讓小朋友目不暇給，他們刺激太多，需要沈靜的機會。」蔡鳳琴佩服上人的眼光。

台灣多雨，洗石子牆面久不褪色也不滲雨，大大節省了維護費用。蔡鳳琴比較了外牆貼磁磚的建築，一旦掉落三、四片，貼補時往往落下更多，而且不容易找到與舊磁磚相符的顏色。

由於學生好動，校舍走廊寬敞、樓梯也有三座，這也減少校園意外的發生，教室的學習角除了供作閱讀，也讓學生在午休時間充分養足精神……諸如以上都是傳統校園建築不會設想到的細節。

近年來，台灣普遍少子化現象造成學生人數逐年減少，在大校愈強、小校愈弱的情況下，桃源國小也存在著被併校、廢校的危機。「慈濟幫忙重建，我們希望這個新學校會永遠存在。」出自校友的肺腑之言，也讓他們展開護校行動。

「有了學校，才可以保留地方人文與經驗傳承，這不是改建成遊客中心可以取代的。我們不希望在地只有旅遊、沒有文化。」蔡鳳琴神情堅定地說：「學生人數少，我們更要精緻化發展，讓學生發出聲音，讓小學校也能被看見！」

每位學生都有機會成為校長的「小客人」。這天的小客人與校長分享「這學期最值得與人分享的事」。女孩憶起與全班走過海邊石子路，懷念大家共處的時光；男孩則懷念在假日旅遊景點「紙教堂」吹奏排笛，賺取了畢業旅費。

夜光天使有愛
南投縣東光國小

教室、圖書館亮起一盞盞燈。學生依年級分成兩班，由老師為弱勢兒童延續課業輔導、引導閱讀。休息時間，老師陪著學生唱歌、跳舞，或跳繩、搖呼拉圈、踩高蹺……兩堂課業輔導持續至八點半放學。
隨著社會結構改變，單親、隔代教養、外配子女增多，加上地方產業與家庭經濟能力削弱，在在影響孩子的教育。夜光天使點燈計畫實施後，孩子獲得更多的關愛，也大大提升了學習的效益。

沿著中潭公路往南投魚池鄉，日月潭是遠近馳名的旅遊勝地，而前往東光村東光國小的道路卻愈走愈小，商店稀疏。

東光村，日治時期舊名「木屐欄」，為日月潭七社中最富庶的村落，至今仍保有較多完整的閩式舊建築。這個太陽打從山後升起的地方，光復後改名東光村，村民多務農，現以栽種香菇、蘭花為產業大宗。

大地震那天，學校操場成了避難所。驚魂甫定之際，有人謠傳學校這座青山可能垮塌，每當聽見餘震前的地鳴，大家即相互警告、起身避走，猶如驚弓之鳥。

負責校園重建規畫的建築師黃建興，第一次來到這裏，望見山頭那硬生生被剃出一道尖長的裸露土石，不禁想起日本武士的髮型。而時間的手終能撫平傷痕，人們從毀壞中建造新物，迎向未來！

「星光」音樂會，座無虛席

二〇〇九年暑假，在社區人士出資邀請下，東光國小有一場熱鬧的藝文活動登場。「紙風車」兒童劇團蒞校演出的這一天，行動圖書車開進校園，還舉辦了一場園遊會，學童與村民同歡，度過知性有趣的一天。

時間往前推兩個月，同一戶外場地也舉辦了一場「星光」音樂會。而更早之前，學校節奏樂隊聯合暨南大學管樂社、埔里愛樂在埔里鎮藝文中心演出；許多家長、學生出席聆賞這個一百五十人組成的「交響樂團」，頗受好評。

為了讓村民一飽耳福，校長余家彥將相同曲目搬回校園，在星光帷幕的演奏廳裏舉辦一場音樂饗宴。當晚座無虛席，家長委員協助引導秩序，還以桌球板隔成想像的室內室外，並要求聽眾在音樂會開始後不能照相與走動，猶如置身音樂廳。

「這是一場『純』音樂會！」余家彥帶著驕傲的口吻笑說，表演一結束，老師打鐵趁熱，鼓勵將升三年級、對音樂有興趣的學生報名加入樂隊。

東光國小在一九九二年即成立兒童樂隊，聘請音樂教師指導。雖是三到六年級學生不過二十幾人組成的小樂團，由於老師要求嚴格、學生勤奮苦練，在地震前連續五年蟬聯百人以下小校音樂縣賽冠軍，相當風光。

鄉下學童限於家庭經濟，能夠學習樂器的人少之又少；兒童樂隊的成立，增添校園歡樂氣氛，學生也變得很有自信。即使

社區人士捐資邀請「紙風車」劇團在暑假蒞校表演，為東光村帶來文化刺激，也是地方盛事。

這些樂器自成立之初使用至今，都比學生年紀更老，但樂隊學生們可寶貝著呢！

孩子也喜歡玩土。地震那年，在師資與燒陶設備具足的條件下，校方開始推廣陶藝，新校舍牆面也綴有陶藝裝飾。目前學生的陶藝課是由在地青年陶藝家楊國賓指導。

二〇〇一年新校舍啟用後，時任校長林慶有推廣桌球，在人手一拍的盛況下，幾年來桌球隊也替學校爭光不少。

小校受限於地理環境、文化刺激與資源較少，城鄉差距一直都存在，東光國小至今仍處在所謂的「文化不利」地區，但是校方積極開拓學生藝文與體能潛力；近幾年也爭取「教育優先區」經費，發展學校特色，鼓勵學生參加社團，多方培養才藝，試探未來發展可能。

亮起一盞燈，溫馨伴讀

暑熱逐日升溫。傍晚，生態池傳來「咯咯」蛙鳴鼓噪。半數學生放學了，另半數大約四十名學童，在師長招呼下吃過晚飯、水果，牽起老師的手在草地上散步，小臉漾著無限滿足。

教室、圖書館亮起一盞盞燈。這是教育部一項名為「夜光天使點燈計畫」的補助方案，學生依年級分成兩班，由老師為弱勢兒童延續課業輔導、引導閱讀。在休息時間，老師陪著學生唱歌、跳舞，或跳繩、搖呼拉圈、踩高蹺……兩堂課業輔導持續

至八點半放學。

現任校長余家彥指出，近年隨著社會結構改變，單親、隔代教養、外配子女增多，而東光村先是經歷九二一大地震，這兩年則受金融風暴衝擊，地方產業與家庭經濟能力削弱，在在影響孩子的教育。

放學後，孩子本應回歸家庭，但有些家庭功能不彰，天黑之後本應在家中亮起的那盞燈，來不及綻放溫暖；廚房的瓦斯爐台也依然清冷、沒有飯香。鄉下沒有安親班、才藝班，放學後的孩子面對空盪盪的屋子，沒有晚飯吃也沒人督促寫功課，生活作息不規律，甚至還有安全顧慮。

校方重視學生品格與生活教育，同時也著力於提升學童基礎學習，特別是能力在中後段的學生。不論「夜光天使點燈」或「攜手計畫」，都是在幫助來自單親、隔代教養、外籍配偶及原住民等弱勢家庭的子女。

負責夜光天使點燈計畫的教學組長李淑慧，父親是東光國小退休主任，她從小在校園玩大，對村莊再熟悉不過了。她感慨地提及有位家長疏於子女的照顧與管教，孩子一早沒來上學，老師打電話過去，竟是叫他們全家起床，因為家長前一天熬夜上網；也有孩子回家沒洗澡，身體髒兮兮，說是家裏沒瓦斯了！

「家庭結構鬆散的孩子，較難建立良好的生活習慣，他們想讀書，但是更想玩，缺乏學習動機。」吳達盛老師也指出，夜光天使計畫至少讓孩子留在學校正常吃晚飯、將各科作業完成，生活和學習時間都規律。

家長不重視子女課業與發展，導致孩子也認為書念不好無妨，反正家裏有田可種；此外，外在環境的封閉性也侷限了孩童的視野。每當聽見學生說將來要留在故鄉種田、打零工，吳達盛總是建議學生先讓自己有能力升學，再做選擇。他鼓勵學生：「先付出才有收穫，不能怕吃苦。」

打穩基礎，行行出狀元

二〇〇八年十月，夜光天使點燈計畫實施後，大大提升了學生的學習效益。「百分之九十的學生在月考時進步了十五分！」余家彥開心地說，由於成效不錯，第二學期增加一班，課輔學生從三十增加到四十多位。

對夜光天使的孩子來說，他們真正期待的是在學校所獲得的關愛。「學生喜歡的是一個『家庭』的感覺，好像老師跟我是同一國的！代表一種情感的依附。」李淑慧說，因為老師對學生有愛，即使學生偶有表現不好，在教導他們時，他們容易接受，即使做錯事被處罰，也心服口服。

「你們一定要珍惜『夜光天使』的課，老師可是把自己的孩子放在一邊，天天陪伴你們做功課啊！」余家彥經常提醒學生不要忘恩。

事實上，早在地震那年，教師林省宏即不忍學校超過五分之一孩童來自單親、隔代教養家庭，她以「陽光小子」為名申請教育補助，針對家庭功能不彰與行為偏差的孩子進行學習、生活與心理輔導。

「地震後最大的影響是家庭氣氛。大人可能受到經濟環境的壓迫，情緒波及孩

子，這是孩子最大的苦難。」林省宏指出。

地震後，有學生因單親家長必須工作，住家又靠近危險的土石流區，林省宏讓學生住到家中；後來她的家發展為「寄養家庭」模式，最多住上十多名學生。單身的她感謝社區義工媽媽協助孩子煮飯、洗衣服、陪看病等，是這個寄養家庭最好的後盾。而全校教職員也認輔孩子，給予關懷和資助。

地震隔年返回母校教書的李淑慧觀察，震災後學生家庭經濟受打擊，大人失意、小孩也茫然。然而，師長將學生視如己出，正是這一所小學最溫馨的地方。

老師犧牲放學後陪伴家人的時間，繼續留在學校為弱勢孩子輔導功課，以彌補學生家庭功能不彰的缺憾。

而今在夜光班，除了輔導學生課業，為培養學生多元興趣，李淑慧也善用社區人才——她邀請美工科畢業、返鄉栽培金線蓮的家長詹子誼指導中高年級繪畫，其他還有語文、美語、數學等專業師資。

用心研究金線蓮栽種與生產技術的詹子誼，勤於找資料、請教別人，終於替自己在家鄉開創事業。李淑慧常以他為例，勉勵學生們行行出狀元：「即使選擇種田，也需要擁有專業技術，必須努力才會成功。」

推動閱讀，墊高孩童視野

「社區對學校的支持——那股禍福與共、同舟共濟的情感和凝聚力，可說是九二一地震後激盪出來。雖然東光家長務農，經濟不算富裕，但這股力量持續至今；只要學校一有需要，大家都來幫忙了！」余家彥語中充滿感激。

為了提升學生的知識水平，余家彥刻意營造「時時可讀書，處處有書讀」的學習環境，不只在圖書館、教室學習角有書籍，鄉內一所小學被併校，他把該校整座圖書室的書連同書櫃都搬回來，在校園走廊開闢「光之書廊」，讓學生下課時間也可隨手翻閱。

「推動閱讀，目的是在鄉間設法墊高學生基礎能力。」余家彥指出，校方舉辦主題書展，製作閱讀網站分享學生作品，讓別人看見孩童的成長。此外，學校也參與「英語史懷哲」計畫，每週有外籍老師前來搭配學校英文老師，為四到六年級學生營造開口說英語的環境。

在休息時間，老師帶動學生跳舞、運動，有靜也有動，提高學習的專注力。

今日的東光校園在歷屆師長的用心經營下，井然有序且脫胎換骨，想想才不過十年光景！

回想大地震造成教室全毀，僅剩自然科及視聽教室以及廚房和餐廳。教職員人數少且以女性居多，大家盡力搶救物資，讓學生及早在車棚下復課。學生忍受被蚊子叮咬，邊抓癢邊上課，而且沒有照明，下雨天格外黑暗，課桌椅也常布滿灰塵。幸好不久，師生便搬進慈濟志工搭建的組合教室。

日前在星光音樂會中，地方鄉親重提校園重建歷程，大家不禁覺得驕傲，也對學校懷有一分深厚情感。

余家彥表示，地震時，他服務於同為慈濟援建的國姓鄉北山國小，看見志工經常蒞校關懷，學生體育課受場地限制，志工帶著親手做的點心來與孩子分享，並且帶動團康活動。「社會大眾的一片愛心，幫助在困頓、嘈雜、炎熱環境下學習的孩子，有更多方式紓解身心和恐懼。」

余家彥還指出，北山、東光國小的景觀工程都由慈誠志工承擔，雖然志工並非專業出身，但對施工品質要求細緻，為了學生未來使用上的安全，洗石子牆面一磨再磨，這也成為學生的學習典範。

■

「千年建築已經建置好，即使再有災難也不擔心安全，我們要做的是以『智慧為牆』，啟發孩子的智慧。」余家彥直指「希望工程」師長所肩負的教育重任。

「我們學校視野佳，學生在操場可看見高聳的後山，從教學樓看出去，天空多開闊……也許孩子們現在未必懂，但他們的未來，有無限可能，並非被限制在山中。」余家彥自信滿滿地告訴學生，不要以為自己住在鄉下，其實所做所為，是可以被世界看見的！

災難，是最好的老師

新校舍年年冒出比「九二一」還嫩的黃毛小子，未經世事，成天盡情嬉戲。
當年與學生一同體驗、走過災難，見證校舍從毀壞到新生的師長，
直到現在，仍不忘找機會向後來的學生講述「九二一」。
災難，是最好的老師。台灣位在地震帶上，將親身體驗透過講述，傳承經驗也是教育。

撰文-葉文鶯　攝影-簡宏正

閉上眼睛，易元培很快回到一九七二年入學那年，埔里國小的夏天——升旗時，蜻蜓在頭上飛；在鳳凰樹下追逐，風吹不去耳裏的蟬叫聲……

感性的聲音喚回記憶中的七歲男孩，但真正坐在埔小辦公室的「本尊」，卻是四十出頭的教務主任。一九八七年八月易元培返回母校任教，住家就在學校旁。

認識「九二一」，感同身受

大震那一夜，易元培與爸媽及哥哥倉皇逃出，帶著小狗來到學校操場避難，入住帳棚。兩名不及逃生的鄰居，屍體停放附近兩三天……

「從沒想到有一天，自己必須拿著碗去排隊領飯吃！」易元培每天騎著機車到慈濟熱食站領便當。夜裏，摩托車車燈照在路上，眼前微小的光亮，照不見自己，世界被黑暗包圍。

那是個混亂時期。忙完學校的物資搶救、學生家訪，等待復課前，他帶著V8攝影機拍埔里。即使殘破毀壞令人傷心，也要把家鄉受苦的面貌記錄下來。

十一月終於復課。學生拿到老師們從「廢墟」二樓搶救出的課本，易元培讓他們在打開書本之前，將臉貼在書上感受它的溫度。

站在台上看著這一幕，他內心的激動和學生的感動交集著，希望學生感受它得來不易，要更珍惜學習機會。

之後，縣府推出「浴火重生」教學影帶配發各校，易元培給學生上「地震」這一課，解說為什麼會有地震、板塊如何移動、世界各地常震帶的分布以及地震發生時如何避難；此外，他也分享親身經歷，包括地震時所受的驚嚇、受人幫助和內心的感謝。

擅長輔導的易元培最憂心這一代孩子無法體會別人的感受，缺乏人文關懷，因此，他在教學上經常運用「角色扮演」，讓學生看圖或照片，引導他們設想其中人物的「對話」。

一般「看圖說話」，練習的是學生陳述事件的能力；然而人物對話，必須發揮同理心，體會人物內在的感受，大不相同！而這也是愛與被愛的交相學習。

即使後來的學生年紀小到對「九二一」毫無印象，甚至當年還沒出生，易元培上相關課程時，總請學生先回家問問他們的爸媽或阿公、阿嬤，九二一大地震那個夜

晚，他們如何逃出？以及後來發生的事。開場就由學生來報告。

儘管沒有親身經歷，但是透過長輩的講述，學生都知道「九二一」。去年四川大地震，易元培請學生給川震孩子寫封信，其中一名學生寫道：「台灣也有九二一，我們能站起來，你們也要堅持！只要活著就有希望！」鼓舞對方。

學校昔日的小禮堂挺過九二一被保留下來，經過修繕成為全縣最大的校園圖書館，易元培曾在這裏協助發放物資。被保留的舊建築，也是成為歷史重要的「物證」，易元培認為這地方也是訴說「九二一」的最佳場所，況且人應追本溯源，了解為什麼會有這一所學校。

「人，是健忘的；但是九二一大地震是台灣的重要歷史，不能被忘記！」易元培說，這不是沈溺過去。大人避談九二一的傷痛，孩子就無從了解惜生與惜福的真諦。

他想起大震前，台灣人心浮動，貪婪虛華，聽見有人感嘆台灣人快將福氣用完了！所幸在災難中，人們激盪出「互助、互愛」的情懷，他也從中學到「及時行善」。

「我們不希望再有大災難發生，但希望更多人願意在平常付出愛與關懷。」易元培說。

失去，喚醒對土地的熱愛

正因為人是健忘的，埔里國小教師易元培認為，「九二一」是台灣重要歷史，必須透過講述，讓學童記取惜生與惜福的真諦。

照片／埔里國小提供

歷史，在交代「過去」。過去是什麼樣子？存在什麼價值？值得活在現在的我們回頭去了解。

這是一堂歷史課。集集國中劉瑞珍老師請學生在課前從家中找出一件最具紀念性的「古早」物品，拍照並且訴說它的由來——

這是阿公收藏的一對牛角。務農的阿公，經常懷想那隻陪伴他走過無數田埂路的老朋友，靠著牠的肩膀，才有辦法撐起這個家。

這是阿嬤炊粿的竹蒸籠。學生從阿嬤口中重溫那個在炊粿時，無心觸犯「小孩子不能亂講話」的禁忌。

這是父親小學畢業時從老師手中接獲的鋼筆。在那個鉛筆寫到比手指頭還要短的年代，是多令人驕傲、稀罕的禮物啊！

這是魯凱族母親送給子女的編織袋和帽子。母親在孩子幼年就會做好，準備給他們長大結婚用，蘊含著深厚的祝福……

透過尋找舊物和其中牽動的情懷，學生無形中重新連結家庭情感。劉瑞珍說，學生的照片還出現鎮上的竹厝、晾衣服的竹竿，以及父祖輩早期耕作的農用具。

「這些不是學生在民俗村看到的，而是與他們長輩共同生活過的東西。」劉瑞珍說，後來九二一大地震，竹厝垮了、拆了，有些舊物就此毀壞，學生慶幸地震前這一堂歷史課，及時將家中寶物記錄下來，保存在記憶中。

大地震，切割了家鄉山形地貌，卻割不斷也改變不了人們對這片土地的熱愛。

災後經過重建，在劉瑞珍的課堂上，學生的學習目標是了解集集鎮的新風貌，她要學生像個稱職的導覽解說員，告訴遊客集集鎮的美麗與人文內涵。

於是，學生分組蒐集家鄉美麗景點，例如：武昌宮、攔河堰和綠色隧道……並實

劉瑞珍老師曾在課堂引導學生發掘父祖輩們的生活物件，集集大地震後也讓學生探訪小鎮新生的風貌；經歷「失去」才知道「擁有」，能在未來去發現與創造。

無心插柳所組成的集集國中柔道社,畢業校友感受過地震的苦難,更懂得在別人的災難中挺身而出,教練洪清順更期許學生「時時手心向下,樂於幫助別人。」

地探訪,以在地人觀點,用「內行」人的眼光,在課堂上侃侃而談。

「舊」與「新」交織成一段段歷史。經歷過「失去」,才知道「擁有」的可貴,對於未來,才知道更要去發現與開創。

災難啟示,述說給下一代聽

「老師,你幾段了?」集集國中前幾屆學長姊耳聞洪清順老師是名柔道高手,還搞不清什麼是黑帶、哪一段比較屬害,便輕易挑戰老師。交手後,他高深的武功便在學生之間傳誦著。

校舍重建期間,學校組合教室蓋在操場上,剝奪了學生運動的空間,教室裏那股關不住的青春活力,在找尋出口。幾名學生主動向洪老師要求學習柔道。

經過第一週體能訓練,淘汰了缺乏毅力者,正式進入基礎練習,幾張體操墊就成立了柔道社。

學柔道不需要很大的場地,但是為了尋求資源訓練學生,洪清順重現江湖,跨足縣運柔道比賽。

雖然是南投人,但是洪清順的柔道訓練開始於就讀台南成功大學期間,縣內完全不知道這一號人物。一役成名的他如願獲得奧援,拿著縣府、集集分局出借的標準

柔道墊，學生痛苦地學習著摔倒技法。

柔道訓練過程很辛苦。有人中途放棄，也有人摔出興趣。學生每天早上接受一小時體能訓練，放學後又有兩小時技術訓練，一心期待在全國中等學校運動會一舉成名。

果然，柔道社不負眾望，第一次代表集集鎮出賽便獲佳績；十年來對外比賽也成績斐然。

「教學生練柔道，只是讓他們能安穩地度過狂飆期；學生多一個升學管道。」洪清順說，柔道社部分學生畢業後選擇南投高中體育班就讀，也有後來保送大學或投入軍職。

二○○一年七月，桃芝颱風重創南投。集集國中成為慈濟志工前進水里、信義鄉災區的前進指揮所。柔道社畢業學生主動返校幫忙，參與了志工救災，將一身的力氣用來協助受災戶清掃家園。

「主要是九二一那時受到各界援助，學生深刻體會受災戶的苦難，所以當別人有災難時，自己也要挺身而出。」洪清順說，他常在大愛電視看到慈濟志工總在第一時間出現在災難現場，給予受災戶心靈撫慰及物資補給；這讓他回想起九二一大地震，慈濟志工出現在集集鎮的情景，以及藍天白雲帶給大家的光明和希望。

「任何經歷過九二一的人，都不會忘記當時的情境，以及事後周遭事物的變化。」洪清順認為，雖然時間會淡化一切，但是每個人都應該有義務告訴下一代，這當中發生的事。藉由災難啟示，他最想告訴學生的是：「時時手心向下，樂於幫助別人。」

走過大難，沒有過不了的關

每年六月，國姓鄉北山國小畢業班學生一定來到距離學校兩公里外的崁斗山。

從山腳下走到山頂上，路程大約五、六公里。體力好的學生四十分鐘就能攻頂，體力不佳的學生也許要走上一個半小時。完成這個「儀式」，才能從校長手中領取攻頂證書，也取得了畢業資格。

教務主任賀宏偉指出，地震後校舍重建，學生缺乏場地活動，老師就常帶著學生到後山健行。

震後隔年，由於缺乏場地舉行畢業典禮，賀宏偉與畢業班導師想出一個「畢業週」活動，包括讓畢業生製作感恩卡、在學校組合教室宿營，有晚會、巴比Q，還親自包煮水餃等食物與低年級學弟妹互動。

畢業週的重頭戲，就是「崁斗山」攻頂。這項活動的目的是讓同學鍛鍊體能，不論所花的時間長短，堅持走完全程便具備毅力和勇氣。

延續至今的這項「傳統」，也讓後來每一屆學生記取九二一大地震所要延續的那一股不畏困難的精神。

賀宏偉回想地震後所經歷的事，至今刻骨銘心。他說：「災難，讓人回歸單純的心，團結、合作、無私地朝共同的願景向前，學校重建就是這樣達成的。」他期許自己常保持這樣的心境，做事有衝勁，不計較私利。

地震當年擔任總務主任的賀宏偉，為重建工作付出諸多心力；他表示，那麼大的

每年挑戰「崁斗山」攻頂已成為北山國小畢業班傳統，鍛練體能、培養毅力，更為延續昔日師生走過「九二一」、不畏難難困境的精神。

困難都走過了，即使這幾年學校面臨減班、校務成長等瓶頸，但還有什麼過不了的關呢！

■

當年在地震重災區的人們，如今提起「九二一」，都不免說出「感謝」二字，然後趕緊解釋：「不是希望再有大地震啦！」

地震，帶來了破壞，慘不忍睹；然而，在災難中感受溫情，奮力成長，才讓他們有勇氣，驕傲地回首這段來時路。

用歌聲唱出生命美學

口述－蔣碧珠　整理－林雪花

當宏偉美麗的新校舍矗立在校園，

帶給全校近兩千名師生那分「安心、安身」的感動，

至今仍記憶猶新。

一九九九年暑假我剛到南投國小擔任校長，開學不到一個月就發生了大地震。

清晨六點多，餘震還是不斷。我趕到學校，帳棚比比皆是，整個校園已成為社區民眾的避難所。

繞到教學區巡視，看到才完工啟用四年的校舍大樓，竟在一夕之間扭曲變形得令人怵目驚心。

八點鐘，我們一如往常召開教師晨會，看到老師們都平安到來，才稍稍放心。

縣府教育局指示，因餘震不斷，顧及學生安全，全縣中小學停課一週。於是，我囑咐級任老師打電話關心班上學生們是否都平安，並了解家裏的毀損狀況。

復建工作千頭萬緒，教育局在全縣校長緊急會議中指示，校舍若經整修即可提供學生復課的學校，就先搭帳棚上課；校舍若嚴重倒塌，需長期抗戰，就要蓋簡易教室。

我與主任們實地勘察後，召開行政會議取得共識，決議先搭帳棚上課。十月十一日，全校師生進入帳棚教室復課，開始克難的學習生活。

搬地磚像頒感謝狀

很多老師家裏也都受災，有的房屋全倒、有的半倒；為了學生的學習，只好暫時擱下自家的重建，全心上課，再利用下班後和例假日整理家園。

在帳棚上課，四處都是泥土地，灰塵很多，師生必須戴口罩；帳棚沒有隔音效果，老師上課時相互干擾，相鄰的兩班學生不知聽誰的好，學習效果大打折扣。聽課、教課都辛苦。

日子一天天過去，到了十一月，氣候變涼了，帳棚擋不住寒風吹襲。這時，教育局又召開校長緊急會議，告知教育部指示所有受損學校全部重建，不考慮修建了。於是，我和家長相偕尋求慈濟援助。

十一月三十日，是我畢生難忘的一天！當日午後，證嚴上人來到本校，一一巡視關懷帳棚裏的學童，眼神中流露出對孩子們在如此惡劣環境中學習的不忍；三天後，北區慈濟志工即南下湧入學校幫忙蓋簡易教室。大家不分晝夜，捲起褲管和袖子，或搬連鎖磚或灌水泥漿。師生見狀感動不已，也在沒課、下班後和

攝影／林鳳琪

以鐵皮屋搭建的簡易教室，環境布置得綠意盎然，陪伴學子走過校園重建的歲月。

假日加入，一起搬運塑膠地磚。

　　大家同心協力下，四天半就完成二十五間簡易教室。有人說是奇蹟，我認為那是眾志成城、大愛的展現，所以我們稱它為「大愛教室」。

　　慈濟志工問一位三年級男生：「你這樣一塊塊傳遞塑膠地磚，有什麼感覺？」孩子回答：「我好像在頒一塊塊感謝狀給來幫忙我們的志工。」

　　簡易教室完工後，慈濟將南投國小列入援建的希望工程之一，消息傳來，全校師生歡欣不已。

百年老校蛻變重生

　　南投國小是一所具有百年歷史的學校，校園寬濶，且擁有許多老樹和廣大林相的優美環境。慈濟聘請許常吉建築師規畫時，就是以延續校園原有的良好環境，並考量未來教育的需求，創造一個具開放、多元、溫馨、優雅的人文校園。

　　二○○○年八月三十一日，南投國小希望工程動土；兩年後，二○○二年八月重建完成。當宏偉美麗的新校舍矗立在校園，帶給全校近兩千名師生那分「安心、安身」的感動，

至今仍記憶猶新。

希望工程的展開，接引了教師和鄉親們認識慈濟，老師們紛紛加入慈濟教師聯誼會、推動靜思語教學；家長會長張世榕先生和夫人也都加入慈濟志工行列。

搬入新校舍後，為了善用這優質的學習環境，我們陸續成立茶道社、弦樂團、口琴社、國樂社、合唱團、扯鈴隊、單輪車隊……開展孩子們的潛能，也讓因地震受到傷害的心靈有所依歸，再展笑靨。

所幸孩子們都比想像中要勇敢堅強，受到驚嚇的心靈，也隨著學校軟、硬體設施的逐步完成，和多元活動的展開，漸漸地把傷痛撫平。

當時就讀五年級的同學蕭誌頡，現在已是中山醫學大學二年級的學

攝影／林炎煌

重建後的南投國小，如今變得綠意盎然，美景處處。

生了。還記得小小年紀的他，在傍晚下課後，推著單輪車裝著水泥漿，跟志工們一起蓋簡易教室，還寫了一篇文章「一輩子的感恩」，道出對慈濟援建南投國小的感謝。

學校完工時，蕭誌頡已經畢業，沒有機會使用到新校舍；二〇〇九年三月，他回學校參加一百一十周年校慶時說：「看見眼前的校園，綠意盎然，美景處處，和地震當時的殘破景象，有如天壤之別。我要感恩慈濟師姑師伯的大愛，也從中學習到如何為別人歡喜付出。」

慈濟的大愛，在孩子們心裏悄悄地播下了感恩和希望的種子。

■

這一路走來，總覺得校長像火車頭，要帶領老師走對的方向；學生的品德陶鑄、人格形塑是教育的根本，而禮貌教育、感恩教育更是不可忽略。慈濟在學校最需要的時候，伸出了援手，讓我在感動與感恩之餘，也告訴自己要趁還有能量時，趕快去付出。於是，我承擔起慈濟大學草屯社會教育推廣中心的志工，加入教師聯誼會，參與親子成長班、大愛媽媽成長班；還帶著大愛媽媽們進校園，用小故事來說做人的道理、用話劇演出生活的禮儀、用歌聲唱出生命美學，不斷地教育孩子、感動孩

子。

二〇〇六年二月我從南投國小退休，專心投入志工活動；二〇〇九年證嚴上人邀請我到花蓮慈濟大學實驗小學擔任校長，再度承擔起教育的使命。

因為親身經歷九二一災難的痛，所以能深刻體會八八水患災民的苦。八月二十日我請假帶著慈小同仁到屏東林邊盡一分心力，協助鄉親清理家園；隔週六回到南投，輾轉進入信義鄉神木村，探視過去任教的學生家長們。

信義鄉的隆華國小是我在一九九〇年到一九九三年，擔任第一任校長期間服務的學校。目睹九二一地震後才重建的學校地基被掏空殆盡，校舍孤寂地橫躺在陳有蘭溪邊，十多戶家長的住家田園被土石流沖走……心中難過之餘，更體會到大自然反撲威力之驚人與人類之渺小。

上人慈勉我們：「驚世的災難，要有警世的覺悟」，此時該是大家徹底反思的時刻，人不可能勝天，不要再大肆開墾、挖地養殖，要心懷謙卑，與大自然共容共存才是。

我們這一班

撰文-黃秀花

地震的傷痕雖已遠離，
但留給這一班孩子的卻是源源不絕的愛心能量，
不管走到何處，他們都永遠散發著光和熱，
以愛服務社會、以善照顧人群。

「一號？」「到！」「二號？」「到！」……此起彼落的應答聲響起，讓黃秋玉稍感心安；連放了六天地震假，很多電話都打不通，聯絡不到學生，都快把她給急壞了！直至聽到最後一名學生答了一聲「到」後，她才大大鬆了一口氣。

「老師，鍾雅婷和謝仁豪家的房子都毀了，現在住在帳棚裏……」說話的人是高國峰，平常習慣搞笑的他，此刻卻態度嚴肅。

「家裏附近一排房子全倒，我家地板也出現五公分的裂縫！」鍾雅婷似乎沒被地震給嚇壞，還鎮定地說：「還好我們逃得快，但房子不能住了。媽媽說過陣子就要去租房子。」

黃秋玉慰問了她幾句後，又問謝仁豪：「家人都還好吧？」

「我們還好。只是媽媽一說起倒掉的房子就哭，我已經好幾天沒看到她笑了！」謝仁豪憂心忡忡地說。

黃秋玉安慰他：「我找個時間去探望你母親。」

這是地震後，豐原市豐東國中一年十七班的第一堂課，導師黃秋玉與班上三十名學生互談著地震時的恐慌，以及災後的種種，藉由聊天方式讓大家把緊繃的情緒宣洩出來。

重建學校，有我一分力

距入學不過二十天，同學們都還沒完全熟識學校環境，就發生了這場大災難。一年級新生所在教室，正是被列為危樓的北棟大樓，這下子二十幾班都沒地方去了；權宜之下，學校將他們安置到地下室或專科大樓上課。

「那時還常有餘震，我們都很害怕！」長相福泰的江俊達說，有時一天好幾次，把大家嚇得心驚膽顫。

黃秋玉想起，每次一發生餘震，班上有位男同學就會從三樓衝下去；為了避免發生危險，她找了一名男同學緊抱住他，讓他的心情平緩下來。

後來，她上課就播放輕音樂或講「靜思語」故事，安定學生們的心；當學校確定由慈濟援建，工程進行期間，常有訪客參觀，她還訓練了幾位學生擔任解說員。

地震前黃秋玉就加入慈濟教聯

會，被稱作「慈濟老師」，所以全校暱稱他們這一班為「慈濟班」。

在黃秋玉帶領下，不論是校內募款或慈濟義賣園遊會，慈濟班學生都很熱心參與；他們還自製卡片加入義賣，獲得很大回響。

鍾雅婷說，第一批成品出來時，他們還在學校先進行「試賣」。「我們試作出十張卡片，其他班同學看到了，都很喜歡。班上一位男同學就站上講台喊『競標』，從三十元起跳，一直喊到一百元，結果十張卡片共賣得了四百五十元。」

幾次參與義賣，結束後同學們還自動留下來幫忙慈濟志工整理場地，有人協助拆帳棚、有人搬物品，大家忙到全身溼透，仍樂此不疲。

受助助人，人生寶貴一課

學校重建完成後，許多捐款者會利用假日參觀學校，慈濟班有幾位學生常自告奮勇幫忙接待。

有次，一批來自國外的參訪團，因連續看了好幾所希望工程，行程被耽擱了，但學生們仍堅持與志工繼續站在校門口等候，縱使過了晚餐時間飢腸轆轆，還是不肯離開。

「教到這個班，我真的好驕傲！」黃秋玉說，她常帶學生們參加關懷活動，例如到安養中心陪伴長者；而二〇〇一年七月底，桃芝颱風造成

苗栗卓蘭一帶民宅遭土石流入侵，很多學生在她號召下，跟隨慈濟志工前往災區幫忙清掃，甚至還有家長同行。

「到白布帆打掃時，我看到很多受災戶的房子都被土石淹得厚厚一層，真得很嚇人！」江俊達說，他從小就常跟著從事建築的父親，到工地玩手推車、攪拌水泥等，但真正到了災區幫忙清運泥沙時，才發現水和著泥推起來有多麼重。

「聽到老師說要去賑災，我還寫了封信向父母交代一些事，就怕進去會有危險！」二年級才轉至豐東國中的李資婷說，她當時並不清楚「賑災」是怎麼回事，還是勇敢報名了。

「一到現場，真可用『滿目瘡痍』來形容！」李資婷說，她那時才不過十四歲，看見土石流造成的災害，真有點嚇到；還好有同學們作伴，大家同心協力一起剷土，剷了很久，才把一間房子清乾淨，也看到屋主終於笑開了。

「父母一向都很鼓勵我行善。」鍾雅婷說，同樣都是受天災之苦，她其實很能體會受災鄉親的處境；她所幫忙清掃的那一家，屋主是位老先生，若無大家助一臂之力，真不知他要清到何時？

看到學生們都那麼有愛心，黃秋玉感到很安慰。更令她感動的是，當

學校重建即將完成、慈濟志工開始鋪設連鎖磚時，白布帆的鄉親也聞訊前來幫忙。

黃秋玉說，早上八點不到，就看到一群皮膚黝黑的朋友來到現場，男的頭戴斗笠，女的還穿上袖套，很多年紀都已超過七十歲了，但身手矯健，一點都不輸年輕人。

原來，他們為了報答慈濟人的風雨送暖，當天特地擱下果園工作，趕來加入「愛心連鎖磚」的鋪設；著實讓師生們又上了寶貴的一課。

愛心澆漑，十年成樹

「九二一地震是很特殊的因緣，學校被慈濟援建，也間接影響了孩子；是我教學生涯中最難忘的一頁！」黃秋玉說，從一年級帶到三年級，她與這個班有著同甘共苦、一起走過災難的經歷，也培養出深厚的感情。

當然，黃秋玉對這一屆的學生期望也特別高，「我並不要求他們讀到多高學歷，而是希望要很有愛心。他們都做到了！」

後來，謝仁豪考上成功大學職能治療系、鍾雅婷念輔仁大學影像傳播係。他們原本家境優渥，房子被地震毀壞，便一直過著租屋的生活，但逆境並未打倒他們。

「震後，父母很煩惱經濟問題，但他們從不給我壓力，只要我好好讀書。」謝仁豪說，那時他隱約感覺到家裏有一股低氣壓瀰漫，父母笑容變少了，也少與人往來；凡事他們都一肩扛起，很少說出苦處，更不想讓孩子們多擔心。

有次，父親心情很低落，喝了一點小酒，酒後吐出真言：「不好意思，讓你們住這麼差的房子！」當下，謝仁豪感到很難過，更激勵自己要用功讀書，才不會辜負父母。

鍾雅婷也度過一段顛沛流離的日子。震後，他們全家曾住過后里一陣子，她每天通車近一個小時到豐原上課，後來才搬到學校附近租屋。

父母為了維持生活，開始擺路邊攤賣飲料，她假日也會去幫忙；上了高中、大學後，她靠自己打工賺取生活費，減輕家裏的負擔。

儘管家境已大不如前，她卻調適得很好：「比起很多家庭有人傷亡、支離破碎的，我們家算很好了，至少大家都很平安。」

更難得的是，他們在大學時代都參加了服務性社團。謝仁豪還曾擔任社長，為身心障礙者設計活動課程；鍾雅婷則去陪伴自閉症的孩子。他們都沒忘掉老師的叮嚀，一直以實際行動付出。

黃秋玉說，原本她還很擔心這兩位學生，會因家道中落而失去鬥志，沒想到他們不但發展得不錯，還懂

徐銘駿透過網路號召十八位警大同學，南下屏東佳冬協助八八水患受災戶清掃家園。

攝影／潘昭雄

得照顧弱勢者。

其實，慈濟班不只他們兩人如此，包括李資婷、高國峰、江俊達等學生，也都不忘老師的教導。李資婷雖是轉學生，與同學相處僅兩年，卻承擔起向班上同學收善款的責任，即便她上了高中或遠去屏東讀大學，仍沒忘了要定期向同學們收款。

「在學校時，大家就定期在捐款了，我不想讓同學因畢業斷了善念！」李資婷說，也因此她和同學之間的情誼，至今不斷。

■

悠悠十年過去了，地震的傷痕已遠離，但留給慈濟班孩子的卻是源源不絕的愛心能量。

二〇〇九年八月初，當南台灣遭受莫拉克颱風侵襲，釀成重大災害時，又有一位慈濟班的孩子跳出來了，即甫自警察大學畢業的徐銘駿。

「現在該是我回饋的時候了！」徐銘駿說，他透過網路號召了十八位警大同學，並與黃秋玉老師取得聯繫，跟隨慈濟志工到屏東佳冬幫受災戶打掃。

「雖然災區的淤泥很厚，清理起來很累，但做起來卻很歡喜。」徐銘駿表示，他會有那麼強烈的行動力量，或多或少跟國中時受到的薰染有關，黃秋玉老師的努力帶動，對他是一種無形的影響力。

痛過，更能將心比心

撰文-洪懿君（政大新聞系二年級）

災難雖然無情，卻讓人看到了更多的「有情」。

地震後，台灣接收到很多關心和祝福；

因此，當國際間發生大災難，台灣人也踴躍捐輸——

因為曾經痛過，更願意幫助別人走離傷痛。

「徬徨的人生不知往哪走，記住這裏永遠還有我，陪你度過……」聆聽九二一十周年紀念歌曲——「讓愛轉動整個宇宙」，心情十分悸動。

那年我十一歲，國小五年級。夜裏忽然一陣天搖地動，感覺就像坐在立體電影院的椅子上翻滾。

爸媽急忙趕下樓，帶我們離開房子。為了讓家人有個安全的休息處，爸媽懷著恐懼輪流到地下室開車，那真是令人害怕的事；在災難發生當下，誰願意離開家人的身邊呢！

那天晚上，電話線斷了，聯絡不上任何親戚，也不曉得外婆一家人是否平安無恙？

那天晚上，星星特別多，在什麼也不能想、什麼也不敢想的時候，只能抬頭數星星，一顆、兩顆、三顆……然後半睡半醒之間，天就亮了。

天亮了，世界卻好像還很黑暗，誰也不知道接下來該怎麼辦？

有一天，我們回家簡單梳洗，剛好遇到六點八級的餘震，正在三樓洗臉的媽媽嚇壞了，在二樓的我也驚惶失措地放聲大叫。有一天，我們坐在爸爸的車上，經過一棟倒塌的大樓，看見房子二樓變成一樓，誰能相信生命的脆弱和無常？

家沒有倒，但是恐懼在心裏占據了很久；怕的不只是地震再來，更怕眼睛睜開後，身邊的人已經不在。

小時候，奶奶常帶我們去僑光國小溜滑梯、吊單槓，爸爸會帶我們去遛狗。就讀僑光國小後，我最喜歡利用下課十分鐘，在內操場玩「閃電滴滴」，在外操場奔跑、踢足球。

地震後學校停課半個月。當我們回到學校，看見有的教室天花板掉下來，有的教室牆面出現嚴重裂痕。在回音嚴重的大禮堂，用窗簾布隔出四個空間，作為中高年級教室和健康中心，一切都顯得很克難。

校園重建工程展開後，我們搬到簡易教室上課。簡易教室就在我家附近的一塊空地上，那裏也曾是我們避難的地方。從那之後的每天，爸爸總是牽著我的手走路上學。

臨時校舍最外邊是一棟兩層樓簡易屋，一樓是警衛室，二樓合唱教室鋪著木地板，很適合在上面打滾。

一排一排的簡易教室間隔不大，我們喜歡在教室裏「呼叫」對面教室的同學；隔壁班的老師生氣時，我們也聽得到有人正在被罵。

夏天到了，簡易教室裏裝有冷氣，那時不懂得要節能減碳，都會拜託老師開冷氣。

教室外還有一個小空地，大夥兒喜歡在那裏玩耍、踢足壘；後來的畢業典禮也是在這個小空地舉辦。

雖然臨時校舍沒有溜滑梯，也沒有盪鞦韆，但我們會自創有趣的遊戲來玩；老師也曾帶我們去寫生、野炊烤披薩、辦園遊會等，學校生活並不枯燥。

我們一邊上課，一邊看著新校舍逐漸蓋起。爸爸也曾經去幫忙綁鋼筋、鋪連鎖磚，他說有好多不認識的「慈濟人」都來幫我們，我們自己也該出一分力。

還來不及使用新校舍，我們就畢業了！每每從大門外看進去，總覺得它很不一樣。原本的校門從狹窄的天橋下，移到面向一大片稻田的稻香路上；一進學校就是寬闊的操場、籃球場；教室全部是洗石子牆，柔和的灰色有一種莊嚴的美感。

我的表弟、表妹現在都在這裏讀書。學校除了本來就有的合唱團、扯鈴隊，也加入了「種稻插秧」體驗活動、三代同堂接力賽等，培養孩子們珍視這片土地的觀念，也讓家人一同參與孩子的成長。

地震後不知道過了多久，我才脫離那種恐懼害怕——晚上不敢睡、不敢一個人獨處，變得很敏感，一點點餘震都能叫醒熟睡中的我。

現在，那種恐懼改用另一種方式出現——就是「警覺性」和「自我保護」。在害怕之餘，我會思考：如果遇到危機時，該怎麼面對？到了新的環境，我會先查看逃生口在哪裏，地震發生時要怎麼出去。

也許聽起來很神經質，其實不也是另外一種「求生意志」。

這場災難雖然無情，卻讓我看到了更多的「有情」——除了來自各地的慈濟人幫助我們重建校園，我們也接收到了很多關心和祝福。二○○八年五月四川大地震，看到台灣人踴躍捐款，讓我再一次感覺到，因為曾經痛過，所以我們更願意去幫助別人走離傷痛。

「年華過幾個秋，慶幸我們還有夢，我們都還這樣勇敢的唱歌。」聽著「讓愛轉動整個宇宙」這首歌，不禁感到慶幸——這場災難讓我感恩自己還活著，感恩自己擁有這麼多。

我想我能做的，就是努力學著去報恩，做一個手心向下的人——就像當年慈濟人無私的幫助埔里鄉親、幫助僑光國小重建一樣。

慈濟援建希望工程一覽表

縣市別	鄉鎮別	校名	建築設計規畫
南投縣	中寮鄉	中寮國中	大元聯合建築師事務所
		爽文國中	大元聯合建築師事務所
		至誠國小	黃建興建築師事務所
	國姓鄉	福龜國小	黃建興建築師事務所
		北山國小	吳瑞楨建築師事務所
		北港國小	郭書勝建築師事務所
		國姓國中	合院聯合建築師事務所
		國姓國小	境向聯合建築師事務所
	草屯鎮	旭光高中	沈祖海建築師事務所
		中原國小	杜國源建築師事務所
		炎峰國小	沈芷蓀建築師事務所
		僑光國小	謝舒惠建築師事務所
	集集鎮	集集國中	大元聯合建築師事務所
		集集國小	大元聯合建築師事務所
	南投市	中興國中	郭書勝建築師事務所
		漳和國小	大元聯合建築師事務所
		南投國小	許常吉建築師事務所
		南投國中	林昭喜建築師事務所及李俊仁、王立甫建築師事務所
		平和國小	新雄建築師事務所
	竹山鎮	社寮國中	張文明建築師事務所
		社寮國小	張文明建築師事務所
		延平國小	張文明建築師事務所
		竹山國小	許常吉建築師事務所
		中州國小	張文明建築師事務所
	埔里鎮	埔里國中	新雄建築師事務所
		埔里國小	新雄建築師事務所
		大成國小	丁達民建築師事務所
		大成國中	丁達民建築師事務所
		中峰國小	大涵設計顧問股份有限公司、金瑞涵建築師事務所
		桃源國小	黃建興建築師事務所
		溪南國小	林景源建築師事務所
	鹿谷鄉	鹿谷國小	賴榮俊建築師事務所
	魚池鄉	東光國小	黃建興建築師事務所

縣市別	鄉鎮別	校名	建築設計規畫
台中縣	新社鄉	新社國小	潤泰聯合建築師事務所
	大里市	塗城國小	許常吉建築師事務所
		大里高中	黃建興建築師事務所
		瑞城國小	黃建興建築師事務所
	霧峰鄉	五福國小	何友鋒建築師事務所
		霧峰國小	何友鋒建築師事務所
		桐林國小	黃建興建築師事務所
		僑榮國小	吳省斯建築師事務所
	太平市	太平國中	沈芷蓀建築師事務所
		太平國小	鴻範工程顧問股份有限公司、杜國源建築師事務所
	東勢鎮	東勢國小	曾啟川、張甡壽建築師聯合事務所
		東勢國中	鴻範工程顧問股份有限公司、杜國源建築師事務所
		東新國小	鴻範工程顧問股份有限公司
	石岡鄉	石岡國小	吳金福建築師事務所
	豐原市	豐東國中	鴻範工程顧問股份有限公司、杜國源建築師事務所
嘉義縣	民雄鄉	大吉國中	郭書勝建築師事務所
	番路鄉	民和國中	劉瑞豐建築師事務所
台北縣	土城市	清水國小	許常吉建築師事務所

人文新生

強震雖然帶給人們難以承受的痛，
卻也激發出人人心中的善念，
震開了台灣島民的愛。

攝影／洪海彭

撰文-葉子豪　攝影-蕭耀華

九二一地震是台灣自第二次世界大戰以後，傷亡最慘重的災難，兩千多人葬身瓦礫，成了永遠無法彌補的遺憾；受傷的痛、失去家園的苦，至今仍留存在數十萬受災同胞的心頭。

這是個人難以承受的劫難，也是震撼整個台灣社會的慟；但災後的搶救、重建，國人的捐助與國際社會的援手，都源源不絕地投入災區，展現了超越彼此，無國界的大愛。

人道援助，親疏無別

一九九九年八月十七日，土耳其遭受強震侵襲，造成上萬人往生的悲劇。

慈濟發起「馳援土耳其、情牽苦難人」募款活動，踴躍捐輸的民眾很多，卻也有不少人大聲表示不同的意見，認為「台灣都救不完了，還救到國外去」。由此可見，當時國人「親疏有別」的觀念，根深柢固。

可是誰也料想不到，三十五天後，在土耳其災民含淚收拾家園的同時，台灣竟也發生了強烈地震。

國內的軍警消及民間救難志工總動員搶救生命，來自二十一個國家的三十八支救難隊伍，也趕抵災區，冒險進入斷垣殘壁中搜救受困者。

鄰近的日、韓、新加坡，以及太平洋對岸的美、墨等國，都派出了菁英團隊，就連剛經歷大地震的土耳其，也派出了四十三名救難人員，在彰化縣員林鎮，救出一位受困達五十小時的婦人。

當透過電視畫面，看見婦人被救出來的那一幕，相信台灣社會對「無緣大慈，同體大悲」的人道精神，已有了新的看待與省思。

守護鄉土，患難與共

專業團隊努力搶救生命，普羅大眾出錢出力賑災。

台北樂生療養院，三百多位因痲瘋病而致身障的長者，合捐了百萬以上的善款，展現了殘缺外表下高貴的善心。「我們不總是弱勢、被憐憫的，我們也可以對社會付出關懷，去幫助需要幫助的人。」募款發起人之一金義禎表示。

遍布各地的慈濟志工，或開車載送物資，或為救難人員奉上一碗熱食，或是站在罹難者家屬身旁，提供一個可以依靠的肩膀，藍天白雲的身影，成了社會人心的安定力量。

國際愛心支援、本土善念凝聚，讓一度因經濟奇蹟而得意忘形，被國際社會譏為「貪婪之島」的台灣，重新意識到不分彼此、互助互愛的美好價值。

曾經受到幫助的人，最具體的回報就是「患難與共」。

地震後一年多，二〇〇一年夏，桃芝颱風肆虐，台中東勢的九二一受災戶，前進遭土石流之害的苗栗縣卓蘭鎮白布帆社區，為一百二十多位居民清掃家園。

一個多月後，納莉颱風水淹大台北，南投縣中寮鄉民顧不得家園尚未從地震中復原，硬是帶著鋤頭搭車北上，進入滿地泥濘的市區幫助市民清理家園，回報了台北人在九二一時，對這個重災區的援助。

二〇〇九年八八水患後，批踢踢網站號

地震發生第二天，成批的物資湧入災區，協助受災民眾度過艱難的時刻。

召數百位年輕網友，跟隨慈濟志工深入災區。其中，一位年輕女學生，幫助一位年邁阿嬤清理家園。阿嬤問她為何來當志工？女孩說，她家曾是九二一受災戶，當時雖年幼，但仍記得從許多藍衣白褲的慈濟志工手中，接過熱騰騰的便當。如今有人需要幫助，她想回報感恩。

愛能遠揚，是因為有一顆顆守護鄉土的心，作為基石；而親身經歷的痛苦與教訓，更在「後九二一」時代，化成支援世界的力量。

發揮大愛，回饋國際

有鑑於大震當下，台灣救難團隊的地震災害救援能力有所不足，政府與民間均痛定思痛，積極添購裝備，加強人員訓練，增進台灣的搜救力。

消防署成立了特種搜救隊；台北市則接受內政部轉來的九二一賑災款，加上追加預算，成立國際搜救隊。而民間的中華搜救總隊，則由慈濟基金會捐助價值兩千萬台幣的救難器材及救災車輛。

自二〇〇一年元月的薩爾瓦多大地震開始，經過強化的本土救難隊伍，如台北市國際搜救隊、中華搜救總隊，便帶著生命探測器等先進搜救儀器，參與國際災難的搶救。

其後，二〇〇三年伊朗大地震、二〇〇四年底南亞大海嘯，乃至二〇〇八年的四川地震、緬甸風災，台灣的救難隊及志工

們，都不曾在搶救及賑災的行動中缺席。

「我們請當地人一起來參與，啟發善念和愛。」資深慈濟委員羅美珠表示，在四川賑災行動中，志工帶動當地受災民眾煮熱食、教當地小朋友膚慰阿公阿嬤等。「以受災戶關懷受災戶」的作法，都是延用九二一賑災的經驗。

「在帳棚、組合屋住了半年，我了解那種失去家的滋味。」東勢慈濟志工陳麗珠，對四川地震受災民眾的處境感同身受；踏入四川災區那一刻，她看到慈濟人用環保碗盛裝熱食，再雙手奉上給鄉親，重現了十年前，慈濟志工膚慰九二一受災民眾的動人場景。

「很多東勢居民還留著那個碗，有些人後來成為慈濟志工，仍是用著當初那個環保碗。」陳麗珠感恩地說。

濟貧救難，布善種子

在「愛心輸出」的過程中，慈濟團體不僅給予外國災民、貧民，實質而必要的物資援助，也不忘帶動受助者付出善行。

「我也要學慈濟人，幫助比我更苦難的人！」緬甸納吉斯風災受災農民閔壽（U Myint Soe）表示，因接受了慈濟的肥料援助，不僅復耕順利，收成也因此增產百分之十。他和同村的農民，決定仿效慈濟四十多年前推動「竹筒歲月」日存五毛錢的作法，用「日存一把米」的方式，累積白米變賣捐款。

愛灑國際的隊伍、聞聲救苦的足跡，顯示了「後九二一」時代的台灣，雖在全球金融風暴下面臨經濟蕭條的困境，民眾慈悲

濟世的行動卻更為積極。

對於這種「經濟走下坡，愛心逆勢漲」的情況，或許可以解釋為——九二一大地震讓受災民眾蒙受傷痛，倖免於難的人看見了災難的可怕，因此當別人受苦時，人飢己飢、人溺己溺的精神，自然打心底出現。

■

二〇〇九年八八水災，從東南部至屏東，自南投以南，從高山到平地，創紀錄的雨勢釀成水患及土石流，為一九五九年八七水災以來台灣最嚴重的水患。災後，屏東林邊大水多日未退，志工和軍方合力深入災區發送食物、飲水和應急用品，以解燃眉之急。

二十一世紀因全球暖化的影響，地球上的災難有變本加厲的趨勢；從一九九九年的九二一大地震，到二〇〇九年的八八水患，十年之中，小小的台灣一再遭受天災的重創。

在莫拉克颱風留下滿目瘡痍，台灣最需要幫助的此刻，無數的善行已迅速而普遍地進行。成千上萬奔赴災區的志工，說明了災難從不曾讓台灣倒下去。

照片／慈濟馬六甲分會提供

人人想盡微薄力

地震帶來的浩劫，震撼了全台灣人的心，平安的人第一個念頭就是：「我可以做什麼？」各地慈濟聯絡點和救援服務中心，不斷有人前來投入志工行列，捐贈的物資堆積如山，捐款箱裏很多都是剛從銀行提出的千元鈔，連封條都沒撕開就送過來了。南投仁愛鄉翠巒部落一位原住民，趕至埔里向慈濟人報平安，並捐出賣菜所得，他說：「一九九四年道格颱風摧毀了我們的部落，慈濟為我們蓋房子，現在別人有難，我們也要趕快回饋才對啊！」

慘重災況透過媒體傳到海外，不只台商、華僑踴躍捐款，各族裔人士也慷慨解囊；希望工程四分之一款項即來自海外。慈濟濟助對象也不落人後，泰北清邁熱水塘安養院的傷殘老兵，邁著危顫顫的步子，拄著枴杖、踩著義肢、用傷殘的手抓著鈔票，一個個排隊爭著要捐錢；美國一位非裔慈濟照顧戶請了半天假，趕到南加州慈濟分會捐二十美元，因為他知道台灣是慈濟的故鄉，而慈濟幫他走過艱難的路。

國際救難隊紛至沓來

二十二個國家和聯合國共派了七百多人、九十九隻搜救犬來台搶救生命。

「八月，我在土耳其救災現場，就看到穿藍衣服的慈濟人。」德國救難隊員費雪表示，他們的搜救經驗幾乎都在十年以上，進行過多次國際救援；隊員們有的是銀行行員、有的是獸醫、會計師，甚至是市長，只要收到災難通知，就會立刻拋下手邊工作，整隊出發。

九月二十二日下午四點，發現彰化員林龍邦富貴名門大廈有生還者跡象，就是由德國救難隊的搜救犬Yuppie所嗅出。「我們還是覺得飛行時數太長，我們來得太慢了。」

當慈濟志工遞送水與食物給救難隊員時，他們表示自己有攜帶乾糧，災區的食物希望留給災民；他們甚至還帶了全副武裝的登山設備，準備隨時深入山區拯救生還者。

加入救難隊已十六年的魯茲說，當災難發生時，他希望能夠在災變現場作救援，而不是光在家裏難過，因此他加入救難隊；而前往受災國家進行救援，他們都是自己負擔食宿。

攝影／賴麗君

齊心相繼搭小屋

為了早日建好組合屋，讓受災民眾少受一天苦，不論是專業的或非專業，不論是在地人或外地人，都齊心協力地投入每一處組合屋工地。

許多團體得知慈濟建屋，自告奮勇表示可幫忙做任何雜事。摩門教徒在教會長老的呼籲下，協助灌漿、搬運笨重的石塊與水泥；金髮碧眼的西方人帶著微笑砌起一磚一瓦，張長老說：「大家都是神的子民，都是來服務人群的。」

日本東京國士館大學學生不僅挑磚運土，還加入香積組烹飪出道地日本風味的味噌湯與泡菜；看到慈濟志工因長時間彎腰切菜、洗菜而腰痠背痛，還特地為大家做日式按摩，甚至唱日本歌娛樂大家。

震出不一樣的人生

大地遽變，生命在剎那間消逝，家園在頃刻間倒毀；無常，讓他們抓緊每一個付出的機會……
大難不死，他們走出生命的侷限，發現人生的無限；付出，讓他們跨越了無常帶來的傷痛……
這群因「九二一」被「震」出來的志工，正示現了台灣地震島上愈挫愈勇的生命力。

撰文－陳美羿

十年過去了，在地震中嚴重受創的災區，除刻意保留的地震教育園地外，已看不到當初斷垣殘壁的景象。然而人心所受的創傷與震撼，卻不是用一個十年就能恢復。受災的人們將恐懼與悲傷深埋心底，只想回歸地震前的平常，但也有不少人因此而「震」出不一樣的人生。

他們在廢墟中站起來，發現大難不死的生命，可以活出更高層次。他們說：「災難雖然打擊我們，也帶給我們省思和成長的機會。」

他們從大地的遽變中見苦知福，不僅更加珍惜自己的所有，也了解到不能只愛自己和家人，更要心包太虛，才能為更多人創造幸福。

他們是九二一「震」出來的志工，是台灣彌足珍貴的愛心人力資源。經過十年重建的艱辛歷程，這群人沒有被困難打退，反而愈做愈投入，愈做愈歡喜。

在二十一世紀「後九二一」時代，他們用帶著汗水的微笑，示現了台灣這個地震島，愈挫愈勇的生命力。

抖落塵埃，明心見性

十年前，吳吉代四十八歲，廖定六十三歲。他們一個從十三歲開始吃檳榔，一個

二〇〇一桃芝風災重創南投，吳吉代（右）隨慈濟志工深入柔腸寸斷的水里郡坑勘災。

照片／吳吉代提供

自十八歲即淪陷賭海，跟隨大半輩子的習性，因為「九二一」而徹底戒除，令身邊的親友莫不跌破眼鏡。

當時，住在埔里的吳吉代，四樓透天住家被震倒了，即使事過十年，她仍對那段死裏逃生的經歷，心有餘悸；廖定的透天住家安然無恙，可是他的家鄉霧峰，滿目瘡痍，宛如鬼域，令他心裏好悲痛。

暫時無法賣檳榔的吳吉代，被慈濟志工曾完妹邀去參與救災；聽到女兒要去煮熱食給受災民眾吃的廖定，趕緊說：「我也去幫忙。」

慈濟賑災工作一波接著一波進行，吳吉代和廖定也跟著「愈陷愈深」，終至無法「自拔」。

為了做慈濟，吳吉代戒掉吃了三十多年的檳榔，還忍受磨牙的痛苦，到醫院去除檳榔汗漬；輸光兩億家產，一度想輕生的廖定，忙得沒空再上牌桌，受證慈誠隊員後，也不再有想「救回田產」的想法了。

「你？就是以前那個賣檳榔的嗎？」過去講話像大姊頭的吳吉代，如今顯露的是一股溫婉氣質，簡直判若兩人，怪不得鄉親不敢置信。

因賭而與家人形同陌路，甚至兒子不叫他「爸爸」的廖定，如今讓妻子欣慰的肯定道：「他變得『足好』耶……會幫我種菜、洗菜、煮菜；我洗好衣服，他也會幫忙拿去曬……」

十年過去了，吳吉代和廖定的新人生，始終堅定不移。

二〇〇八年，吳吉代把位在九份二山上三甲地的檳榔園砍光光。「慈濟十戒中有一戒是不吃檳榔，即使自己不種，出租的地也是種檳榔給人吃；所以，我要把這塊地作為收容流浪老樹的『中途之家』。」

把環保站當第二個家的廖定說，雖然沒有太多錢財可以布施，但他保護地球的心和行動一定要做到，「一天不做，人生就好像缺少了什麼！」

吳吉代過去的霸氣轉變為英氣，粗魯變成帥勁；廖定自承過去「面目可憎」，但如

攝影／黃進登

九二一地震讓廖定（左）醒悟應把握人生，即時行善，他說：「被慈濟回收的感覺真好！」

今已是慈眉善目的菩薩相。走過驚世大災難，重新發現生命的價值，在天災的「大破」之後，他們迎來了「大立」的人生。

受人點滴，泉湧以報

慈濟援建了十九個大愛村安置災民，許多在震災中失去房子的人，就在那一間十二坪的「大愛新家」裏，展開新生活。

在霧峰市場賣成衣的李美雲，住了三個月的帳棚後，舉家遷入大里大愛村；在中寮擔任員警的謝松杉，和妻子過著「游牧」般的生活，兩個月後才候補住進草屯大愛村；住家大樓被判全倒的巫建龍，妻女借住友人家，自己住「汽車」旅館——車子裏，申請到草屯大愛屋後，終於結束流離失所的日子。

入住大愛村後，他們經常接觸到慈濟人的關心和做志工的邀約。

「慈濟援建五十一所希望工程需要很多錢，你要不要來幫忙募款啊？」志工林阿純見李美雲熱心在村裏推動環保、整理花木，進一步鼓勵她；先生見她猶豫半天，要她免擔心，會陪著她一起做。

身為警察的謝松杉，志願承擔大愛村守望相助隊長一職，太太王玉仙則帶動村裏的婆婆媽媽一起做環保。

曾幫忙焊接大愛屋鐵架的巫建龍，早見識過志工們「搶」事做的猛勁，除了告訴自己要把這分精神學起來，也開始參與各項志工活動。

家園傾毀，是人們生命中很大的失落；他們卻從付出中，漸漸療癒失去的痛，也堅韌了對未來的信心。

「兩百七十四戶新鄰居，各有不同的人生故事。」李美雲就像村長般關心村裏每一個住戶，遇有家境困難者，她就在村裏發起募捐；即使搬離了大愛村，關懷仍未間斷。

原本一板一眼的謝松杉，成了村子裏人人歡迎的「阿杉哥」，也是「點子王」。「為

攝影／林昭雄

一路走來備極艱辛的李美雲（右一），開朗的笑臉不見愁苦。她說，以歡喜心面對每件事，心開境就會轉。

援建希望工程，村民不落人後捐了一萬多元。」謝松杉說：「我們用它當基金，在園遊會時賣布丁和爆米花，『轉投資』的結果，居然把錢『變大』了，賣了四萬五千多元呢！」

假日忙著兼差賺錢的巫建龍，現在一放假就想去當志工。他經常開著四輪傳動車，載著訪視志工們，上山下海去傳遞關懷；慈濟草屯聯絡處初建時，他連著三天在悶熱的灶前蒸煮粽子義賣，一點也不以為苦。

暫居大愛屋三、四年後，李美雲和謝松杉各自買了新家而遷離；巫建龍居住的大樓被改判「半倒」後，住戶們決定自行整理就搬回居住，他也寬心接受。

十年來，儘管歷經悲歡、感受苦樂，但他們堅定不移的是付出的信念。

像李美雲接連遭受兒子、女兒重大車禍打擊，她仍滿懷感恩地表示：「幸好有做慈濟，不然我恐怕熬不過去。」

婚後一直不孕的王玉仙，在搬離大愛屋前夕，發現自己懷孕了；如今，一家四口經常攜手做環保。

二〇〇八年汶川大地震，巫建龍參與慈濟賑災行列，看到受災民眾在沒水沒電的板房裏，不禁回想起當年住在組合屋的歲月：「慈濟大愛屋裏，廚房、衛浴、生活用品，一應俱全。我怎能不感恩呢！」

放下身段，「入境隨俗」

大地震後，從事營建業的張富進，趕忙去探視自己承建的大樓和住宅，建物都安然無恙，令他鬆了一口氣。

在斷層經過的一江橋，橋面斷成數截。橋旁一棟四層樓別墅，隆起四公尺，傾斜三十八度，但因為結構堅實，內部梁柱絲毫無損，而名噪一時。

「這棟房子是我蓋的，完工不到一年。」在業界素負嚴謹盛名的張富進，看到許多同業的建築毀損，引發糾紛，感慨萬千，

曾經歷過九二一生死災難，讓謝松杉與王玉仙夫婦更珍惜能付出的機會。

照片／謝松杉提供

「後來，我找來承包商為這棟房子重做基礎，扶正後恢復原貌。」

當時擔任太平國中家長會長的他，得知學校被判定需要拆除重建，即陪同校長拜訪證嚴上人，爭取慈濟援建。

「突如其來的地震，讓我體悟到世事無常。援建期間，又親眼見到志工的犧牲奉獻。我深深思考，是不是可以再做些什麼？」不同於以往加入的慈善團體，只要捐錢就好，張富進加入慈濟後，「入境隨俗」──嚴守十戒、發心茹素。

「我先到環保站學做資源分類，然後再跟著去做定點回收。」張富進說：「剛開始遇見熟人會覺得尷尬，久了就習慣了。」

每個星期天，張富進還到臥床的照顧戶彭先生家，為他翻身、倒尿袋。「週一到週六，有市政府委託的居家照護，星期天我就來補位。」這樣的工作，張富進已經持續三年了。

一個大老闆、大頭家，甘於埋首在垃圾堆裏，不畏髒臭，甘於為素昧平生的老人把屎把尿，更樂於在家為妻子分攤家事。他的改變，來自於九二一大地震之後的「大悟」。

見苦知福，愛灑人間

救災復建的過程中，志工深刻地感受到受災者的苦痛。因為賑災，許多原本幸福、平安的人懂得付出，也從中學習到愛要傳出去，幸福要延續。

「災後，在電視上看見慈濟志工穿梭在災區，心裏非常嚮往。」居住台南，在家族企業中任職的黃福全，是個單身貴公子，沒有任何不良嗜好，每天就是勤奮工作；他將心動化為行動，只要有空就開車北上，到慈濟援建的學校工地幫忙；希望工程完工後，他更進一步投入慈濟國際賑災的行列。

「只要哪裏有災難，我們就到哪裏去。」十年來，黃福全出任務不下三十趟，到過

受九二一的震撼，張富進決心投入志工行列，為鄉里付出心力。

巴基斯坦、印尼、斯里蘭卡以及中國大陸十幾個省分。「還到四川地震災區住了四十多天,在那裏過年。」

不僅黃福全認為,九二一浩劫是他生命中一個重要的契機,住在台北的牙醫師蔡宗賢也頗有同感。

深深關注台灣社會的蔡宗賢,因為「愛之深,責之切」,卻難免感到無力與失望,而準備辦理移民。

大地震發生後,他激動地打電話問認識的慈濟志工林淳真:「除了捐錢,我還能做什麼?」

「你是醫師,可以參加慈濟人醫會的義診。」林淳真回答。

肢體障礙的蔡宗賢,無法承受粗重的工作,義診的確是他能夠付出的專長。從此,他盡可能把握每一次義診的因緣。

過去,蔡宗賢對大陸是很有「意見」的,證嚴上人告訴他「大愛無國界」,欣然踏上彼岸後,不僅放下成見,還去了好幾趟;印尼、斯里蘭卡、菲律賓也都有他拄著枴杖走過的足跡;連花蓮玉里慈濟醫院需要牙醫師,他也不計辛勞每週從台北去看門診,已持續五年。「就當作花東縱谷二日遊。」他說。

■

物理學大師愛因斯坦曾說:「一個人的價值,應該看他貢獻什麼,而不是看他取得什麼。」志工精神的可貴之處,正是在於那分「付出無所求、但願眾生得離苦」的悲懷。

特別是這群在「後九二一」時代被「震」出來的志工,有許多人本身就是受災戶,是最需要幫助的一群,但他們卻以服務社區,乃至愛灑國際的行動,證明了即使失去所有,我,仍是有用、有價值的。

在金融風暴衝擊、經濟景氣低迷的現在,他們那分正向積極的態度,正是台灣克服難關,邁向未來的力量泉源。

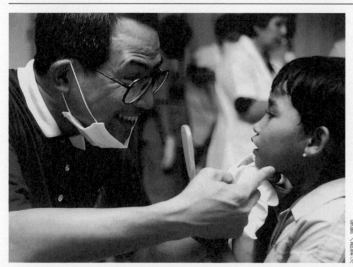

九二一重建,再度點燃蔡宗賢對這片土地的熱情,他加入慈濟人醫會,上山下海去義診。

攝影/顏霖沼

消失的檳榔林

撰文-施金魚　　照片-吳吉代提供

吳吉代

家中有片檳榔山，

她從小賣檳榔、批發檳榔，也吃了三十多年檳榔，

卻決定將三甲地的檳榔樹全部砍掉。

這個決定是緣自那場驚天動地的大地震，

它讓九份二山地裂山崩、溪流成湖，

也讓她的人生道路轉了大方向。

國姓鄉南港村山巒綿延，隨處可見的檳榔樹，一根根竹竿似地向天空伸展。

吳吉代的四甲八分地位於半山腰，遙望著九份二山，林相與周圍山林明顯不同。從山腳下仰望，如一片青翠的草地；走近才發現，地面有些坎坷起伏——較平坦的三甲地沒有經濟作物，只見小野菊在雜草中隨意綻放；坡度大的周邊散布著高大的油桐、樟樹、構樹（鹿仔樹），以及許多不知名的樹。

狹小的道路兩旁種著馬拉巴栗，原都是別人不要的盆栽，吳吉代特地從埔里移植過來，如今都長得比人還高了。

那平坦的三甲地，二十多年來也跟附近山地一樣，是整片的檳榔林，直到二〇〇八年才變了樣貌——在刺耳的電鋸聲浪中，一棵棵檳榔樹應聲傾倒，視野也頓時開闊起來。那些交疊躺臥的檳榔樹，如今都淹沒在蔓草中，吳吉代要讓這片山林自然生息。

這樣的改變，緣於那一場驚天動地的大地震，它讓九份二山地裂山崩、溪流成湖，也讓吳吉代的人生道路轉了大方向。

靈性家狗，及時救命

家族以種植檳榔為業，吳吉代從事檳榔批發，僱用不少工人，自己也賣檳榔；每天接觸三教九流的人物，也形塑出草根性的豪邁氣質。

為了調製出好吃的檳榔，十三歲起她就開始試吃；因為自家生產，她沒算過一天吃下多少檳榔，只清楚知道檳榔是她生活中不可或缺的東西。直到九二一大地震後，檳榔才漸漸從她的生活中遠離。

地震當天凌晨一點多，她睡得正甜，平日從不上樓來的狗兒，突然拚命抓她的門；她火冒三丈起身，正想拿拖鞋將狗修理一番……頓時之

間，四層樓的房子上下抖動起來。

住三樓的她直覺地想往樓下跑，才站起身，櫥櫃倒了下來、壓在床上；這時又飄來濃濃瓦斯味，她擔心鄰居家中擺放的幾十桶瓦斯爆炸，後果不堪設想；於是在漆黑中倉皇地摸索逃生，卻發現樓梯垮了……

幸好狗兒在前頭帶路，不斷地用冷涼鼻頭頂她的腿、引導著她，踉踉蹌蹌地逃離險境……

事隔十年了，至今再提起如此驚心動魄的過程，她仍心有餘悸！小腿上還留下逃生當時碰撞瘀青的傷痕。

住家倒了、生意毀了，吳吉代只好以倉庫為家。原以為家中電話壞了，找人來修理，才知道電話沒壞，是她的右耳嚇壞了。因為地震受驚嚇的後遺症——耳朵中風（突發性耳聾）。她嘗試過許多治療，現在右耳仍然只有微弱的聽力，有時還會引發頭痛。

地震後，慈濟志工曾完妹關心每個會員的下落，找到了吳吉代，知道她暫時沒工作，便邀她加入慈濟災後重建。

父母早逝、兄弟姊妹各自成家，多年來吳吉代一個人過日子；加入慈濟後，有大家的呵護陪伴，讓她備感溫馨；而志工們無私奉獻的精神更深深感動了她，她決定全心投入大愛世界裏。

長年檳榔癮，一週戒除

二〇〇〇年，吳吉代參加慈濟醫療志工培訓。

父母生病數年間，她進出醫院無數回，內心有著道不盡的哀傷與無助；一九九三年，父母相繼往生，她從此不再踏入那個傷心、冰冷的地方。直到當了醫療志工，才揮去心中

在大地震中倖存，吳吉代加入慈濟災後重建行列，讓熱心找到發揮的空間。

為顧及他人健康著想,吳吉代收回山林租地,還把檳榔樹全砍掉,讓這片山林回歸自然。

的陰影。

看到無數病患及家屬在志工的膚慰中,獲得平靜與信心,吳吉代體悟到——適時給予病患及家屬安撫與打氣,醫院也可以給人溫馨的感受。她自嘲是「雞婆性」,當志工讓她的熱心找到揮灑的空間。

第一次到花蓮慈院當志工,她就參與了病理解剖時的助念。解剖那一幕讓她猛然想起,以前在市場賣檳榔時,隔壁就是豬肉攤,原來人體和豬隻剖開之後,兩者竟是那麼相像!她內心受到很大的震撼,從此不再吃豬肉;漸漸減少葷食,至今已經茹素五年了。

回慈院做志工,有一晚遇上了地震,她驚恐不已。資深志工像媽媽一樣不斷地安撫她:「不用怕,這裏很安全!」如此和藹可親的膚慰,讓她

起了景仰仿效之心。返回埔里後,她更加精進,只要有勤務找她,她的回答一定是:「好!好!好!」

吳吉代身材微壯,臉上總是掛著笑容,露出一排潔白的牙齒,很難想像她曾經吃了三十多年的檳榔。因為吃檳榔,每當宣讀慈濟十戒中的「不抽菸、不吸毒、不嚼檳榔」時,總讓她感到心虛。為了當上人的好弟子,醫療志工培訓結束後,她決定戒除檳榔。

靠著決心與吃橄欖替代,她只花一個星期,便成功戒掉檳榔;為了更徹底揮別過去,她忍受磨牙的痠痛,除去檳榔汙漬,迎接嶄新的人生。

「大姊頭」脫胎換骨

每天早上七點多,吳吉代會到埔里聯絡處,做著例行性的工作——開啟佛堂側門,為佛菩薩奉茶及上香,然後禮佛三拜。

雖是一成不變的動作,只見她手捧茶杯舉高齊眉、恭敬地擺上供桌,那分虔誠之心未曾稍減。

接下來,她開始整理靜思文物前一日的銷售清單、點貨補貨;像上班似的,日日不間斷。

從走入慈濟做環保,吳吉代的家就成為環保回收點。有時活動多,無法及時將回收物載往環保站;特別是過年前,回收物更是堆積如山,但

她一點也不以為意，樂在能為挽救地球盡一分心力。

無論承擔何種任務，吳吉代都是盡心盡力，責任感也深受肯定。尤其擔任精進組和培訓組幹事後，更要求自己要以身作則。志工陳素珍形容她像「包公」——對於大家的行儀要求嚴格、勇於指正，用心維護慈濟團體形象。

做慈濟，讓吳吉代脫胎換骨。有一天，吳吉代到陳素珍開設的藥房聊天，客人帶著疑惑的語氣問她：「你是以前那個賣檳榔的嗎？」

「對啊！」

「你變了個人！」

「是啊！我現在是慈濟人！」

看在小時玩伴游月玲眼裏，直呼：「簡直判若兩人！」游月玲表示，吳吉代以前像個大姊頭，講話粗聲粗氣；現在講話輕柔，別人批評她，她也只是笑笑不語。

吳吉代也覺得自己的生活改變很多，變得平淡卻很充實。以前很愛逛街，買名牌不手軟，現在穿著打扮不費心，回收衣服、鞋子穿在身上，一樣很自在；以前每年都會出國觀光，加入慈濟十年來，不曾出國，因為她覺得：「出去玩，只是眼睛看看而已，錢就沒有了，不如將錢省下來幫助別人。」

■

地震後，吳吉代將檳榔山租出去。在醫院當志工時，她看到許多口腔癌患者遭受病痛折磨，而檳榔就是元凶之一；上人苦口婆心要大家不吃檳榔，吳吉代對於自己出租土地讓人種檳榔很是自責；尤其有吸毒者會去偷割檳榔，賣了錢買毒品⋯⋯

有感於「萬般帶不去，唯有業隨身」，吳吉代不想再種檳榔傷害別人。二○○八年，她收回山地，還把檳榔樹全砍光；雖然因此沒收入，但她並不心疼，也得到親族的支持。

「願要大、志要堅、氣要柔、心要細」——這是第一次當慈院志工時，她拿到的一張結緣靜思語，當下她很震撼，因為正說中了她的弱點——講話大聲、脾氣不好。

十年來，在志工服務的路上，她不斷修正自己的習氣，但是看到無理之處，有時還是會起無明火。她懺悔道：「幸好身旁常有善知識開導，才沒讓我火燒功德林。」

「聲色柔和」，是她決定這輩子要努力學習的功課。她很欣慰做慈濟讓自己突破許多考驗、心智獲得成長；雖然一路抱持著無所求的心，但她真實感受到——付出之後收穫最多的，其實是自己！

撮影・陳永和

提升生命價值

撰文－謝菩娟

一個平凡的小學老師，

在大地震盪、逃命、就醫的過程中，

遇到一個個陌生人適時出手相援……

住在東勢死傷最慘重的粵寧里，

她看盡災後的無常，

心中有一股要活出生命價值的衝勁。

張英選

東勢鎮，一個有著濃厚客家人文氣息的地方。

十年前，才三十三歲的張英選和先生就住在這裏，並分別在附近鄉鎮的小學任教。

生死瞬間，飛奔逃命

地震發生時，住在十樓的張英選才一起身，立刻被強大的震盪摔到幾呎遠的地方，先生也不知被什麼重物撞擊，額頭受到嚴重撕裂傷、鎖骨斷裂。

「當時我跟先生、孩子抱在一起，感覺大樓就要倒了，那種彷彿生離死別的痛楚，令人幾乎窒息！」

餘震稍歇，張英選使盡全力將被家具堵死的大門掰開，拉著孩子和先生死命地往樓下飛奔逃命；鄰居見先生傷勢嚴重，立刻開著大貨車載先生去就醫。

由於道路不通，張英選只好和先生赤腳徒步，沒想到路上都是碎玻璃片；正當無計可施之際，兩位國中生好心地將拖鞋借給了他們。

來到東勢鎮災後唯一開診的農民醫院，張英選才稍稍安下心來，但見救護車的鳴笛聲此起彼落，醫師護士們忙得不可開交，整個醫院亂成一團。

「沒有及時生命危險的，請在醫院外面等候。」醫師用急促的聲音知會大家。

「先生忍著劇痛等待，我們坐在醫院外捱到清晨七點，才輪到看診……」張英選說，因為醫院斷水、斷電，醫師先為先生縫合額頭上的傷口，鎖骨骨折暫時無法動手術。

張英選攙扶著先生往大伯家走去，由於骨折處疼痛不已，不時走走停停，一公里不到的路程，竟走了兩、三個鐘頭。「通往外面的道路完全阻斷，想就近去豐原醫治也沒希望了！我們絕望地待在停車場的帳棚裏。」

「河濱公園最後一架救援直升機，可以送你們去沙鹿童綜合醫院。」傍晚時分，一個意外消息讓夫妻倆重新燃起希望。「我們還來不及交代什麼，就被送上直升機。內心雖然牽掛孩子，卻又擔心先生的傷不能再拖，一顆忐忑的心十分煎熬。」

不顧形象，蹲吃熱食

一到童綜合醫院急診室，立刻就有慈濟志工親切招呼說：「肚子餓了吧！那邊有麵包、點心可以用喔！」

「晚上十點，我們住進了病房。隔天一早，又有慈濟人來關懷；一位志工看到我身上仍穿著沾有血跡的衣服，就問：『你穿幾號的？我明天帶衣服過來給你換。』隔天她真的帶來三套全新的衣服說：『這是我家自己賣的啦！希望你不要嫌棄。』」

又一次的感動，讓張英選情緒完全崩解。她一面伸手接過衣服，眼淚同時不聽使喚掉下來，一直壓抑的恐懼與不安徹底宣洩……她想著自己不過是個落難的災民，有乾淨衣服替換已經很好了，竟然還給了她全新的衣服。

沒多久，一群慈濟志工拿了一個紅包說：「這是證嚴上人要給你和先生的祝福，為你們壓驚。」

「我們雖然只收下紅包袋，心中卻滿溢著眾人的愛。」張英選和先生在

醫院等了幾天，仍然排不到手術的時間。一名擔任骨科主任的友人告訴他們，鎖骨骨折就算沒動手術，時間久骨頭也能自然恢復。於是他們就辦理出院。

回東勢的道路不通，必須繞過顛簸的山路。這是當時東勢僅剩的對外通路，平常少有人知道，此刻竟因賑災車隊而擠得水洩不通，迤邐十多公里長。

一路搖搖晃晃到達東勢，天色已暗了。「因為車輛無法再前行，我和先生便下車走路，身體疲憊不堪、又餓又渴，放眼望去，整個鎮上如荒城廢墟。」

許久，他們才看見路旁有慈善團體供應熱食。顧不得老師的形象，張英選和先生跟著人家排隊，「拿到熱騰騰的麵，我和先生找個沒人的路邊就蹲下來吃。」

無常現前，活著真好

震後不到一星期，張英選任教的新社鄉協成國小緊急通知復課。

由於學校全倒，借用新社中興嶺軍營上課，營區戒備森嚴，上下學都必須靠通行證才得以進出，師生只能在規定的狹小範圍內活動，常常上課中就聽到軍隊呼喊口號、唱軍歌的聲音。

「當時，有一家電視台記者來採

災後看盡無常，張英選希望更能活出生命的價值；她積極投入東勢慈濟兒童成長班的課務策畫與主持，期待對孩子有更多良善的影響。

攝影／徐振富

訪我，問我：你是全倒戶、先生又受傷，還這麼快就要來上班，你有什麼想法？我心裏帶點抱怨地回答：『不然要怎麼辦？』現在的我可能不會再這麼懵懂無知吧！」張英選不好意思地說。

寄居大伯家約兩年期間，他們忙著重建家園。張英選說：「我們不打算住大樓了，這個新家是先生自己設計、自己構圖，整個重建過程還算順利，政府也提供低利貸款。」

張英選的二姊住神岡，地震前就常邀她參與慈濟活動，但聽到四、五點就得起床準備，她心裏可是老大不願意，只是二姊的盛情難卻。張英選勉強參加後，回家雖累癱在床上，心裏卻感到很歡喜。

地震後，二姊把握機會鼓勵她參加慈濟教師聯誼會。有一回，還邀她去做福田志工幫忙清潔和打掃。

「因為要掃廁所，姊姊怕我會做得不高興，就先跟我說：『我們是很有福的人，才有這麼好的因緣，可以跟大家廣結善緣。如果我們不趕快做，別人可是搶著做喔！』現在想想，姊姊真的好用心、好有智慧。」

張英選居住的大樓位於粵寧里，是全東勢鎮在地震中死傷最慘重的地區。住在附近的嬸婆被倒塌的屋瓦壓死，婆婆好朋友的大媳婦也在瓦礫中喪生，治喪的棚子隨處可見，整個里斷垣殘壁形同廢墟。

「活著真好！感恩老天爺讓我的家人、學生、家長都能平安。而我，

921 梅花香自苦寒來

我應該做些什麼？」災後看盡無常，張英選對生命也有股想要活出價值的衝勁。

及時付出，不再遲疑

東勢教聯會老師不多，自從親子成長班開辦以來，張英選和劉玉鳳因為一起負責課程設計和規畫，而自揄是兩個臭皮匠，也是無話不談的好朋友。

日前，劉玉鳳因車禍往生，張英選哽咽地說：「這一路走來，都是玉鳳在照顧我，我卻沒有好好關心她、照顧她。當我聽到這個惡耗時，腦子裏不斷浮現上人的話：『明天先到，還是無常先到』。」

「從此刻起，我告訴自己，只要身邊的人需要我，我絕對不會有任何遲疑。因為我怕來不及。上人說：『人生最大的懲罰是後悔』，我再也不要讓悔恨發生在我身上。」

「每天都是做人的開始，每刻都是自己的警惕。」張英選把這句靜思語無時無刻謹記在心，因為身為教職員，一句話、一個動作，都會影響到下一代，「吾日三省吾身」是她每天檢討自己的重要成長課題。

在教聯會裏，老師之間也會相互啟發。張英選記得，二〇〇四年敏督利颱風過境後，苗栗卓蘭鎮的白布帆有很多房屋都遭到嚴重土石流侵襲，滿地的爛泥巴跟黃泥土。

「就在我們到達災區開始要做打掃工作時，豐東國中的黃秋玉老師帶了一群學生來，他們手上都自備了打掃工具。那樣的畫面讓我好震撼，不禁自問：我能為學生做些什麼？能給學生怎麼樣的良好教育？」

坐而言，不如起而行。張英選曾經寫一封邀請函給班上的家長：

「在泰昌里中山國小附近有個慈濟資源回收站，歡迎家長和孩子們，每月第一個週六參與一小時的環保活動；讓孩子學習分類、環保概念，並在實做中知福、惜福、再造福。

第一次由老師帶隊前往，以後就可以自行帶孩子過去。老師每一次都會到場。」

第一次的環保活動，全部家長都登記參加了！而實際付出後，孩子們也把這件事情放在心上，「我們期待了一個月，總算等到這一天！」「這是一件有趣又可以付出愛心的事情。」

■

「這一生，我碰到許多好人與貴人，包括我的先生與婆家。尤其是婆婆，她默默在背後支持我做志工；見我太晚回家，就會幫我把家事做好、把飯煮好。也因為這樣，讓我可以更用心、更無後顧之憂。」張英選感恩地說。

廖定

失去田地，挽回心地

撰文、攝影－廖素梅

十八歲開始賭博，

他輸光兩億田產、與家人形同陌路。

地震重創台灣中部，想為災區盡力的心情，

讓他看見了自己的用處，

那雙揮霍金錢、扼殺親情的手，

雖漸老邁卻「拾福」不斷。

「十八啦！」夜色中凝結一股肅殺之氣，密閉的空間、昏黃的燈光，嗆鼻菸味繚繞在渾濁空氣中，下注的吆喝聲不絕於耳。這樣的氛圍令人喘不過氣，但廖定的心隨著骰子滾動而沸騰，對周遭惡劣環境完全無動於衷。

生長在台中縣霧峰鄉純樸農村，廖定個性忠厚老實、做事勤快，從小就是父親的好幫手；家中一甲多的田地，舉凡插秧、除草、灌溉、收割，都有他用心耕耘的足跡。

然而十八歲那年，他熬不過朋友的百般邀約，加上好奇心驅使，在一次賭局中嚐到甜頭，自此沈陷賭海無法自拔、走向揮霍的不歸路。

輸了，一定要扳回來

白天，廖定就像是一頭刻苦耐勞的牛，即使豔陽下衣衫溼透，或在嚴冬中寒風刺骨，他仍是認分地彎下腰，用雙腳雙手耕耘他最心愛的田地，打拚身影不曾停歇。

可一到夜晚，廖定就彷彿變了另一個人。他那雙愛家人、愛土地的手，變成揮霍青春、金錢和扼殺親情的手。

起初，他體念家人心情還有所節制，但漸漸徹夜未歸，而後變本加厲，兩、三天才回家一次；經常都是家人去賭場「請」他回家，他才不甘願地拍拍屁股說：「改天，我一定要扳回來！」

每期稻作一收成，廖定急忙變換現金送上賭桌。但十賭九輸，他不甘辛苦所得就此消失，總是抱持「一定要扳回來」的決心，愈陷愈深。

貪念，將廖定步步推向更黑暗的人生道路。

一九九〇年代「大家樂」簽賭盛行，廖定買籤詩、看籤詩、問籤詩，連做夢、跌倒都能聯想到簽注號碼；他跑遍各大宮廟，到深山、海邊，甚至到墳場求明牌，只要人家說「必

中」，一定無所不用其極照簽。

他不但無視家人規勸，還爭吵、動粗，逐期加碼下注。不到幾年，世代傳承的田產化為烏有，他像洩了氣的皮球般一蹶不振；朋友離他遠去、妻子抱怨、孩子反感，幾乎與家人形同陌路，兒子甚至不再叫他「爸爸」。

這慘痛的教訓並沒有讓廖定悔悟，他開始向家人伸手要錢。太太的錢不論藏在哪裏，他總有辦法「翻」出來。孩子狠下心，希望父親能醒悟：「你天天有得吃、有得穿就不錯了，我們一毛錢也不會給你……」

廖定一度想喝農藥結束生命。但天無絕人之路，他雖好賭卻也樂於行善布施；這善，為他的生命開啟另一扇窗。

廖定遺憾過往浮沈賭海、人生迷茫，直到年過六十投入慈濟，才重拾人生的目標與價值。

震災，轉變投機人生

九二一地震重創台灣中部，霧峰亦受創嚴重。

一天，廖定無意間聽到證嚴上人開示：「要趕快把學校蓋好，讓孩子回到教室讀書。」「要為社會服務、為人群付出，才是有用的人生。」他主動打電話給女兒的同學——慈濟志工阮真敏，表示希望能為災區做點事。正是這通電話，讓廖定的人生由黑白變成彩色。

他開始投身慈濟、參加重建工作。每天早出晚歸，無論搭建簡易教室、大愛屋或是援建希望工程學校，廖定在付出中感受法喜和希望，心想：「原來我還有用！」

「我最喜歡做粗重的工作。」早年務農，練就一身耐操、耐磨的功夫，當年六十三歲的廖定，身手仍是俐落非常；不論是推車運送連鎖磚，或是趴在地上鋪設，他的速度、體力和耐力，總令年輕人自嘆弗如。

「你好精進、做事認真，應該要出來培訓。」面對大家的鼓勵，廖定只是笑笑說：「做就好了。」

在慈濟大家庭，善的薰習與愛的膚慰，讓廖定決心慢慢改掉跟隨五十年的賭博惡習；但輸掉田產是他心中最大的痛，他始終懷有「救回田產」的想法，仍小額簽賭，「這是我不敢參加慈誠培訓的原因。」

認字，親近善知識

　　女兒素梅知道他信守承諾的個性，私下為他報名慈誠培訓。面對突如其來的任務，只接受過幾年日本教育的廖定，為能看懂上人開示、能與人分享心靈感受，開始回收國小一、二年級注音版國語課本，努力學習注音符號和國語。

　　只要有空，無論是到菜園做事、執行慈濟勤務，或是從環保站回來，他總是手不釋卷，拿起課本認真閱讀，不懂的地方就請教女兒、孫子。

　　廖定還規定自己每個月至少要研讀一本上人的著作，如：《三十七道品》、《淨因三要》、《八大人覺經》等，除了細細閱讀，還要轉化為文字心得。

　　單純善良的他，一直想彌補過去的荒唐，每天早、晚課是他精進的時光。凌晨四點不到，萬籟俱寂，但他的心燈卻無比光亮：「希望能為家人做點什麼……」

　　唱誦《三十七道品》時，艱澀的生字更多，但他一字一字抄寫，一句一句閱讀。靠著孜孜不倦學注音、抄經、拜經、閱讀上人著作，中文日益進步，「剛開始只能聽懂兩分，現在已能聽懂八分了。」

拾福，環保站天天付出

　　二〇〇五年元月五日受證前一天，剛好是大家樂開獎日，他腦中閃過下注的念頭。

　　「戒，是一切解脫之本。」經過多年佛典和上人法髓薰習，他靜下心想：「既然要成為上人的弟子，就該謹守慈濟十戒！」

　　所幸，善的力量戰勝惡習；隔天他順利完成受證。一年三百六十五天，舉凡環保、出坡、鋪連鎖磚、掃廁所、香積、訪視、助念、醫院志工、共修、讀書會等，慈濟四大志業、八大法印，都有他步步踏實的足跡；而天天付出，也讓他的身心獲得前所未見的健康與愉悅。

　　「年紀大了，沒有多少時間，做就對了！」每天做完早課，廖定便到霧峰環保站「拾福」。志工林秀鸞說：「很多人習慣只做分類工作，但他都是一人包辦全部；分類結束，一定把現場掃乾淨、籃子整齊歸位，才歡歡喜喜回家。」

　　「他把慈濟當成自己的事業，把上人的法點滴融入生活中。」林秀鸞讚歎廖定分秒不空過：「他每天都到環保站報到，把環保站當第二個家，是站裏的一大支柱。」

　　志工梁世建也說：「廖師兄就像行走在沙漠中的駱駝，努力盡本分，無論粗活、細活，一定走在最前、做到最後。」

　　對於眾人的稱許，廖定說，雖然不

能付出多餘的錢財，但護持慈濟、保護地球的心和行動一定要做到，「一天不做，人生就好像缺少了什麼！」

■

「南無阿彌陀佛……」氤氳的香氣、伴隨著廖定虔誠的佛號聲，彌漫在家中莊嚴的佛堂裏。

「慈濟，改變了我的餘生，不但家人對我改觀，氣喘也不藥而癒。現在我心裏只有『慈濟』，而『賭博』兩字早已跟我絕緣……」廖定說。

談及先生的改變，妻子廖許雪臉上掛著欣慰的微笑：「他變得『足好』耶……會幫我種菜、洗菜、煮菜；我洗好衣服，他會幫忙曬，也會洗自己的衣服……」

「以前心很苦，但現在不一樣了；感恩上人救了他，也救了我們家……」廖許雪回憶辛勤持家的過往，紅了眼眶。

賭博半世紀，和兩億田產擦身而過，如今廖定在慈濟找到更廣、更大的福田，用心、用力勤耕耘；不僅是大地的農夫，更是心地的農夫。

上人的法，字字句句映入他的心田，讓他揮別在賭桌上揮霍生命的過往，把握時間，好好寫下今生慧命的劇本。廖定說：「被慈濟回收的感覺真好！」

廖定（左二）每天風雨無阻到環保站報到，認真負責、從不挑事情做，是許多志工眼中的「環保老師」。

無常教我要及時

撰文－林淑緞

「痛苦像一把犁，它一面犁破了你的心，
一面掘開了生命的新起源。」——羅曼羅蘭
常人難以承受的磨難，一波波排山倒海而來，
她相信只要心門開，逆境就容易過。
「一想到無常隨時可能來，
做什麼事都把握當下，全力以赴！」

李美雲

早上八點不到，台中縣霧峰鄉中正路上車潮不斷，靠近傳統市場旁，一棟透天厝騎樓下，吊滿了花色繁多的女裝。戴著咖啡框眼鏡的李美雲，利用顧客尚未上門的空檔，雙手拎著黃色鏤空披衫的兩端，聚精會神地找尋線頭。

「你這兩天怎麼都沒開店？」老主顧上門抱怨著。「歹勢，歹勢！我和女兒回花蓮慈濟營隊去服務啦！」

守著成衣攤，每天從早忙到下午兩點，五十二歲的李美雲一生波折不斷，但關關難過關關過，她笑著說：「只要以清淡的心過日子，就沒有走不過去的苦。」

以傳統刻苦耐勞的美德超越磨難，她將一生多舛的命運，綴成一襲華美的生命霓裳。

■

自從先生經商失敗，生活重擔整個落在李美雲身上。她日復一日工作賺錢，早上把玩具代工轉包出去，再到百貨公司專櫃上班，晚上下班後還要去把貨品收回來；天天早出晚歸，日子像陀螺般轉個不停。

夜以繼日掙錢，辛苦總算有了代價，李美雲買下第一棟屬於自己的房子。但好景不常，一九八八年「鴻源」金融風暴讓先生栽了一個大跟斗，棲身的房子只好拿去抵押貸款，讓李美雲的人生跌入谷底。

先生為債務鮮少回家，疲憊不堪的李美雲，擦乾眼淚在冷冽的寒風中，獨自開著車為生活奔波；激動的情緒難平，她不斷問自己：究竟為誰辛苦，為誰忙？

人生當頭棒喝

一九九九年，李美雲舉家從台中市搬到霧峰鄉租屋而居，夫妻常常為了經濟問題發生齟齬。地震發生前那一夜，兩人又發生爭執，先生滿臉不悅，獨自睡在客廳沙發上。

凌晨一陣天搖地動，震醒了沈睡中的李美雲，電視機、櫥櫃、家具轟然倒下，撞擊聲震耳欲聾。當下，猛然想起睡在客廳的先生，李美雲心裏打了一個寒噤，她強作鎮定地緊緊抱住驚嚇過度的女兒。

先生腳步踉蹌衝了進來，「起來，起來，緊走啦！」她說：「搖得這麼厲害，走也走不了，再等一下！」

待晃動稍歇，顧不得櫥櫃東倒西歪，李美雲趕緊幫孩子穿好衣服，沿著樓梯走下去。待出來一看，只見大樓警衛室已塌陷，黑暗中很多人不小心踩空跌跤。

一家人摸黑走到空曠的夜市廣場，眾人餘悸猶存談論著慘重災情。當時餘震不斷，觸目所及，樓房像骨牌似地接二連三倒下來。其中一棟出租給學生的大樓，在學生陸續跑出來後，一個人剛開走停在樓前的車子，整棟大樓迅即倒塌，讓李美雲看得瞠目結舌，摟著兒女嚇得說不出話來，口中喃喃念著：「阿彌陀佛……」

人生如此無常，對平日錙銖必較的李美雲，有如當頭棒喝。

善念隱然而生

繁華市街轉眼成斷垣殘壁，讓李美雲不勝唏噓。一家人在霧峰農工搭帳棚生活了三個月，她親眼目睹藍天白雲的身影走入災區，為受災民眾蓋組合屋、建學校……

「怎麼會有團體蓋這麼好的房子給受災民眾住？」看著興建中的大愛屋，李美雲發出聲聲讚歎。

申請入住大愛屋後，李美雲思考著：自己能為村民做些什麼？一天，慈濟志工林阿純去宣導環保，李美雲立刻自告奮勇加入環保志工。

每天下午成衣收攤後，她就推著推車，挨家挨戶詢問有沒有紙箱、罐

女兒車禍腦部重創，在大林慈濟醫院細心療護下逐漸康復。李美雲陪著女兒從ㄅㄆㄇ學起，如今女兒已可隨她做環保、當營隊志工，付出己力服務他人。

照片／李美雲提供

子、報紙要回收，並動手整理花園廣場。「住戶們很感恩慈濟讓他們有安身、安心的地方，也都很認同慈濟環保理念。」

林阿純見她如此發心，便邀約說：「這次地震慈濟認養了五十一所學校，需要大家一起出錢出力。你要不要幫忙募款？」

「我不會啦！」李美雲推辭。

「只要有心，就一定辦得到！」林阿純鼓勵她。

李美雲的先生也表示支持：「地震後，我收到慈濟志工送來的五千元慰問金，那是我生平第一次被救濟。當時，我只穿著內衣褲，什麼東西都沒帶出來，是這五千元幫我們度過難關！這麼漂亮的社區需要大家共同來維護，我們做的其實不算什麼；我會陪太太一起為慈濟募款。」

於是，他們用女兒的作業簿當作勸募本，憑著一股熱情，居然沒幾個月就募到將近七十戶會員。

「做慈濟，會愈做愈歡喜；我把生意場當道場，逢人就講慈濟。」李美雲賣衣不再只為生計，她告訴每位上門的顧客，希望大家發心護持希望工程，「一百塊不算少，一千塊也不嫌多！」

付出愈多愈歡喜

天災無情，但大愛村裏處處都有愛。喪偶的林太太靠拾荒維生，卻不幸中風；李美雲夫妻發動大愛村住戶捐款，幫助她走出困境。後來，林太太搬進健康國宅，李美雲持續關懷至今，鼓勵她成為環保志工，做個能付出的人。

張太太的先生因車禍成了植物人，她要工作賺錢，又要照顧先生和兩個孩子；住家被震毀，她也失業了。李美雲除了協助她先生就醫安養，還為她申請到兩個以工代賑的機會。

「阿雲很關心我，常陪我去安養院看我先生。有什麼困難找她，她都很熱心幫忙。住進大愛村是我的福氣，才能遇到像她這麼好的人。」纖瘦的張太太說：「我心情不好對她訴苦，她都會耐心傾聽，也很會安慰人。聽到她的聲音，心情就好了一半。」一念善起，在生命轉彎處，激盪出美麗浪花。李美雲笑談過往：「以前我說話很大聲，現在做慈濟，身行、言談都跟著改變，氣質也變優雅了！」

磨難是向上動力

正當生活逐漸回到軌道，無常卻再度來叩門。

二〇〇一年，兒子騎機車和砂石車碰撞，摔斷一條腿，頭部也遭受撞擊。急救後意識恢復，卻因腦傷而失

憶，稱呼李美雲為「阿姨」，讓她心痛難忍。

「我連哭都哭不出來，好幾天睡不著覺，也吃不下。如果不是發生在自己身上，真的無法體會那種痛。」李美雲回想當時情景說，林阿純每天熬五穀米漿送到醫院給她兒子喝，著實令她感動。

因為遭遇傷痛，她更深深體會雪中送炭的可貴。儘管每天忙著照顧兒子，村民有任何困難，李美雲仍義不容辭抽出僅存的休息時間去幫助他們。

兩年後，李美雲在霧峰購屋；遷出組合屋，她仍繼續做慈濟。「只要有工作給我，沒有二話全力配合。」

但教人難以置信的噩耗，在二○○六年元月八日凌晨再度傳來──就讀高二的女兒和一群友人到山上看夜景，車子失控撞上電線桿……

霎時，五年前兒子發生車禍的景象如影片般，在她腦海中重新閃過；不安湧上心頭，她火速趕往醫院。

「昏迷指數三，頭顱都破了，肋骨斷了三、四根，手骨也斷了，要馬上開刀。家屬得有最壞的心理準備，即使救活也可能變成植物人……」聽完醫師解說，李美雲堅定地告訴醫師：「我把孩子交給您，請您盡全力救治。我會祝福孩子，給她勇氣度過這個難關！」

在加護病房昏迷二十幾天，女兒前後動了九次大手術；志工們輪流陪伴，先生持續為她做穴道按摩……終於，發生了讓醫師也感驚訝的奇蹟，女兒的命硬是從鬼門關被搶救回來。

不到一年的時間，社區舉辦慈濟歲末祝福時，女兒已能坐著輪椅上台現身說法。「十七歲的我，很愛玩、很瘋狂噢！住在朋友家，去玩，發生車禍……」

看著女兒從語言中樞神經受損、失去記憶，到如今說話漸漸清楚，也能自理生活，李美雲感覺生活雖然辛苦，卻還是幸福而踏實。

■

十九世紀初法國作家羅曼羅蘭說：「痛苦像一把犁，它一面犁破了你的心，一面掘開了生命的新起源。」

李美雲從親人身上體會到「生命只有使用權，沒有所有權」，從中找到生命的出口，轉逆境為順境。

「儘管磨難排山倒海而來，我把做慈濟當成精神寄託；若沒有做慈濟，我可能走不出來。」

「我相信福是做來『囤』的，只要心門開，每件事都用歡喜心來面對，逆境就容易度過。」李美雲臉上綻放著智慧光彩說：「一想到無常隨時可能到來，做什麼都很有精神！」

大不幸中的收穫

撰文－呂媛菁、范毓雯

新婚不久的小倆口新居全倒，
從一個帳棚遷到另一個帳棚；
為了儘早結束「逐帳棚而居」的日子，
太太望著天空，
眼淚和著雨水跟老天爺商量……

在南投草屯慈濟環保站裏，只要假日就會看到謝松杉全家人的身影，八歲的瑾德、四歲的晶書跟著媽媽，拉了把小椅子就坐旁邊，跟著分類起來。

十年前，搬進草屯慈濟大愛屋後，王玉仙在先生半推半就下接觸環保，沒想到卻從此一頭栽入；不僅懷孕期間照做，甚至手裏牽著老大、肩膀背著老二，也是跟著大家一起分類回收。

「以前找她來做資源回收，不是推說肚子痛就是頭痛，總是有一大堆的理由。沒想到現在比我還要投入！」謝松杉忍不住揶揄起另一半。

「這個工作是我跟菩薩求來的，不認真做怎麼行！」王玉仙「不甘示弱」地回應。

在帳棚中想念安居生活

時光倒回到十年前——
才剛新婚的小倆口，搬進謝松杉

努力賺錢購買的公寓。房子位在南投縣中寮鄉，空氣新鮮依山傍水，景色好不迷人。

那日凌晨一陣天搖地晃，兩人踉蹌地在黑暗中爬出家門，看到街上驚慌失措奔逃的人群，還搞不清楚到底是怎麼回事。

遠邊的火球不斷冒出黑色濃煙，天空瞬間被染成紅色，低溫的空氣中，更顯詭譎。「戰爭了嗎？不然怎麼會這樣？」王玉仙拉著先生的手問。接著又是一陣餘震，兩人趕緊躲進轎車裏。

慌亂中，王玉仙看見一個小小身影，雙手合十跪地，口中喃喃有詞說：「菩薩、媽祖、老天爺，請祢們保佑大家平安。」

一個國小二年級的孩子，竟然跪在操場草坪上為大家祈福。看到這一幕，他們夫妻的情緒再也止不住，抱頭痛哭……

災後，受創嚴重的南投，只要有操

場或空地，都可見災民搭帳棚暫居。新居倒塌的謝松杉夫婦先在芬園國小操場搭帳棚住了半個月；後來因為人愈來愈多，又移居到芬園國中；最後因竊案頻傳，只好在王玉仙娘家的騎樓下搭帳棚。

「蒙古人是逐水草而居，我們是逐帳棚而居……」住在帳棚、過著游牧般的生活，曾讓兩人感到絕望。

謝松杉在中興新村擔任警察期間，偶爾會到素食館用餐，從而知道慈濟，也曾跟著志工去做環保。地震後住在帳棚期間，只要慈濟志工邀約，謝松杉依然樂意前往。

得知只要地方政府提供土地，慈濟將興建大愛屋協助安置受災民眾。王玉仙說：「如果可以住到慈濟蓋的組合屋，不知道該有多好！」於是，夫妻倆積極向鄉鎮負責單位申請入住。

第一次，他們登記南投德興棒球場的大愛屋，卻因額滿分配不到；第二次，他們跑到台中戰基處登記，卻因戶籍在中寮，只有候補資格。

得知草屯也要興建大愛屋，王玉仙一早就叫醒謝松杉，兩人騎著摩托車前往登記，沒想到還是被列為候補。「我們從那裏離開的時候，天空下起毛毛雨，兩人騎著車茫無目的，不知何去何從……」

看著天空，王玉仙眼淚和著雨水，心裏有個期望：「如果可以入住大愛屋，我一定會出來做慈濟！」

沒想到過了不久，候補的他們就被通知可以遞補；同年十一月，他們終於歡喜地入住草屯慈濟大愛屋。

戴著假手臂的環保志工

入住慈濟大愛屋，彷彿同時拿到一把鑰匙，開啟了行善的大門。謝松杉從環保開始做起。

「夏天做環保，氣味真的很難聞。」王玉仙起初用各種理由推辭，幾次下來就被先生「識破」了。

「你不是說要出來做慈濟，忘記當初的承諾了嗎？」謝松杉這句話讓王玉仙心頭震了一下，她深知逃避不是辦法，於是選了一個空氣清新的早晨，跟著大家一起到環保站。

沒想到入眼的第一幕就讓她感動不已，眼淚撲簌直下——一位戴著假手臂的志工，奮力用著假手前端的鐵鉤幫忙分類。

「這是菩薩示現嗎？我好手好腳卻比不上人家……」王玉仙捫心自問，也因為這樣，讓她心甘情願地投入環保，更帶動組合屋的住戶一起做資源回收。

慈濟志工關心大愛村民，年輕又有心的謝松杉夫妻，很快就受邀加入人文志工。從沒碰過攝影機的謝松杉，拿起機器學習著將感動畫面

入鏡，而王玉仙則拿起筆細細記錄著慈濟活動。

凡慈濟有邀約，他們從不缺席——前往竹山鎮木屐寮幫遭土石流淹沒的民宅打掃、到希望工程鋪連鎖磚……

一群彼此關心的「老」朋友

「搬進大愛村後，我發現鄰居都是一些老人家，有的獨居、有的親人在地震中往生，他們平時都待在家裏，所以有時慈濟活動需要志工，我就邀他們一起去。」謝松杉表示，阿嬤們一聽到是要去慈濟當志工，只

要時間能配合便毫不考慮地答應，因為大家都覺得這是「應該的」。

每個月草屯的資源回收日，阿嬤們就會「全副武裝」——戴口罩、戴斗笠、蒙面巾、著長袖衣褲、雨鞋。謝松杉開著環保車將大愛村的回收物先行載走，王玉仙負責載阿嬤們到一處賣場旁的慈濟回收站。

「有人發心，阮才有組合屋可住，所以去做志工也是應該的，而且每次看到大家笑瞇瞇的臉，心情快活，精神也來了。」陳絹阿嬤說。

陳絹的大兒子、媳婦、孫子與小兒子都被地震給「搖去了」，顰眉蹙額

攝影／顏霖沼

住在大愛村期間，謝松杉（左一）常帶著左右鄰舍的阿嬤們去當志工。

921梅花香自苦寒來

222

的模樣也就因此烙印在她臉上。兒子剛往生那段時間，她整個人都是「憨神、憨神」，有時拿了一盤玉米放在桌上也忘記要吃，常常呆坐著，口中喃喃地說：「活著做什麼？死了算了！」

後來，陳絹與二兒子、媳婦、孫子同住在大愛屋，空間稍嫌不足；獨居的侯劉秀便邀陳絹晚上過去她家睡。「有人作伴也不錯啦，暗暝一個人睏才不會驚。」侯劉秀說。

地震震出一群彼此關心的「老」朋友，讓陳絹在大愛村的日子不致太孤單；原先心如刀割的痛楚，也在鄰居的關心與互動下，漸漸撫平心頭的傷。

「我是最怕碰垃圾的，手一碰，心裏就怪怪癢癢的，得趕快洗手；經過垃圾堆，我也是閉著氣。」徐媽媽憶起當初對資源回收的印象。

不過看到大家賣力地在垃圾堆中分類，不怕髒也不怕臭，徐媽媽被這種精神感動了，也不再管對垃圾的「恐懼」了。

「第一次去，我不知道怎麼回收、怎麼分類，就看著人家做，自己也跟著做。後來我自創一招，就是邊撿邊念『阿彌陀佛』，念的愈快動作便跟著加快！」徐媽媽說。

■

「在還沒加入慈濟前，我們常為了宗教信仰觀點的不同起口角，玉仙除了愛『問神』，還會求『符水』回來喝。」聽到謝松杉這番話，王玉仙露出尷尬的笑容說：「結婚幾年沒小孩，那時想要懷孕，還乘著先生不在，請人來家裏看風水。」

謝松杉勸她不要強求。沒想到在即將搬離大愛屋前夕，王玉仙發現自己懷孕了。

「上人說：『人要運命，不要命運，心念可以決定每個人的命運。』」已經有兩個孩子的王玉仙表示：「過去都是想靠拜求。現在我每天一定早起看大愛台『靜思晨語』，將上人法語運用在自己的生活中。」

「世間沒有哪件事是全盤皆輸。不管多大的不幸，總會帶來正向收穫！」謝松杉與王玉仙深切體認到這句話的箇中滋味。

王玉仙說：「如果沒有參加慈濟，我現在可能還在到處求神問卜；如果沒有參加慈濟，我可能還會沒節制地買衣服；如果沒參加慈濟……」兩人一聊起慈濟，話匣子就停不了。

三年前，謝松杉辭掉從事十五年的警職工作，改任水利局職員。「警察的薪水雖高，但日夜顛倒，不僅難以參與慈濟活動，也減少與家人的相處時間；曾經歷過一次生死災難，讓我更珍惜現在擁有的一切。」

圓滿

撰文-王蕙華　攝影-顏霖沼

炎熱烈陽下，

志工們排班接力為災民建造新家。

雖然辛苦卻滿臉笑容，

熱愛鑽研佛法的他，也因此體悟到——

「磨磚不能成鏡，坐禪怎能成佛？」

在慈濟裏「實踐」佛法，才能圓滿佛學的功課。

巫建龍

　　四十二年次的巫建龍，從小就喜歡看善書，他常覺得人生應該把時間用在有意義的事情上。

　　做一個朝九晚五的上班族，巫建龍下班後的時間非常充裕；他看到有同事下班後呼朋引伴去喝酒，而誤入歧途，深以為戒，因此希望能藉由宗教信仰來約束自己的身心靈。

　　認識妻子黃金枝後，巫建龍慢慢接觸到信仰佛教的朋友；婚後，他開始參加念佛會的共修。佛法的妙義無窮，吸引著巫建龍不斷地探索，並從中使自己的思維更加成熟穩定。

上山下海遞關懷

　　也許是念佛讓心比較沈穩，當大樓住戶們早被地震嚇得奪門而出，巫建龍卻如如不動，還安撫妻子繼續睡覺。直到早上出門時，他們才發現居住的大樓災情慘重，樓梯間都有龜裂的痕跡。

　　因為餘震不斷，巫建龍一家暫時借住親戚家，直到大樓被判定「全倒」，才開始尋覓住處。得知慈濟正準備蓋組合屋，他便帶著相關資料去登記。

　　友人知道巫建龍懂得焊接，鼓勵他去幫忙焊燒大愛屋的鐵架。承擔這份工作期間，巫建龍看到慈濟人積極投入、自動補位的工作態度，感到相當佩服，不禁幽默地對友人說：「慈濟人的規矩很不好，明明是有人做的工作，手腳慢一點就會被搶走了！」

　　得知這些人是來自全台各地的發心菩薩，以排班接力的方式，在炎熱烈陽下為災民建造新家；看著他們雖然辛苦卻滿臉笑容，巫建龍不由得熱淚盈眶，暗自告訴自己要把這分精神學起來。

　　此後，巫建龍積極參與慈濟活動，尤其是只要有災難的地方，都可以看到他開著四輪傳動車，載著訪視志工們上山下海傳遞關懷的身影。

見苦知福四川行

二〇〇八年汶川大地震震撼了台灣人民,巫建龍也參與了慈濟四川賑災志工的行列。

有一天下午,他們到受災民眾家裏關懷。只見一對夫妻滿臉愁容坐在家中,哭著指著牆上清秀漂亮的女孩照片說:「明天是我們唯一的女兒十七歲生日啊⋯⋯」原來,女孩在地震時往生了,夫妻倆哀痛逾恆,茶飯不思。

志工們溫柔地勸導他們要化悲傷為祝福,化小愛為大愛,抽時間到慈濟義診站來幫忙。

隔天,這對夫妻果真來了,「我們帶了蛋糕要去墓前幫女兒過生日。」巫建龍立刻把握機會,邀請他們順路一道去關懷其他受災戶。

一連發現好幾戶人家都有親人在地震中喪生,夫妻倆才知道,原來不是只有自己遭遇骨肉分離之痛,還有人比他們失去更多親人、比他們更

無論是力行環保或布施助人,巫建龍從「實踐」佛法,圓滿了學佛的功課。

需要幫助。巫建龍表示，雖然也曾親身經歷過地震，但慶幸家人都平安；而今走進災區體會災民的苦，更能珍惜所有。

解行並重真了悟

理解佛法並不難，但融會貫通並與生活契合卻不容易。巫建龍認為，自己過去鑽研佛法，收穫不少，有了佛學基礎，遇到挫折就不容易退轉；但如同「磨磚不能成鏡，坐禪怎能成佛」的道理一樣，在慈濟裏「實踐」佛法，讓他圓滿了學佛的功課。

妻子黃金枝忍不住糗他說：「以前，他在外面像隻大水牛，工作怎麼做都不會喊累；不過，回到家就變成大老爺，從未拿起掃把或幫忙倒個垃圾。」

有一天，黃金枝看見巫建龍在拖地，忍不住讚揚說：「有進步喔！」

雖然加入慈濟後，巫建龍更加注意自己的聲色，但管教小孩時，偶爾還是會不耐煩地大聲斥責。妻子提醒他：「不要只會在外面廣結人緣，在家也要跟孩子們結善緣！」如今，

兒子反而敢開老爸玩笑說：「您好像只有穿慈濟制服時，才像慈濟人耶！」顯示親子關係的自在。

「在外面，提到先生的為人，大家都會豎起大拇指；在家裏，公婆、小叔對他的孝順也都稱讚不已！」黃金枝尤其感念巫建龍對她娘家親人的照顧，「之前，哥哥的兒子正值青春期，我擔心生長在單親家庭的他，缺少關照，會誤入歧途；幸好，先生支持我把他接過來同住，讓我到現在還是非常感恩。」

經歷九二一之後，巫建龍更能體會到「凡事有度，進退自如，學會放下」這句話。原來，他居住的大樓在判決的最後一天被改判「半倒」，住戶們商討後決定不拆除重建，自行整理就搬回去繼續居住。面對這樣的結果，巫建龍寬心接受。

十年過去了，「九二一」成了過往記憶，巫建龍和黃金枝夫妻倆在慈濟菩薩道上攜手前進，更能體會高峰老人〈插秧偈〉云：「手執青秧插滿田，低頭便見水中天；六根清淨方為道，退步原來是向前」的道理。

攝影·蕭名芬

低頭便見水中天

撰文·李玲

三十五歲即成為營建公司老闆的他，
一向熱心回饋鄉里。
看見慈濟志工為災區付出的動人風景，
他開始放下身段做環保，
甚至為癱瘓的照顧戶換尿袋、翻身倒水，
三年如一日。

張富進

　　星期日中午一點半，一身藍天白雲的張富進，開著車準時來到慈濟照顧戶彭先生的家。

　　「彭先生，我來啦！」張富進熟練地打開大門，走過堆滿回收物的院子；狹窄的客廳內，一張靠牆擺設的單人床，上面躺臥的是下半身癱瘓二十多年的彭先生。

　　「感恩喔！」看到張富進到來，彭先生的高興神情全寫在臉上。他試著想抬起左手打招呼，卻又力不從心地放下來。

　　張富進從床下拿出便盆，打開尿袋扣環倒出尿液，走向廁所傾倒；接著，又為彭先生翻身、變換姿勢，讓躺了一個早上的他稍微動一動；再將右腿跨於左腿上，讓臀部透透風，免得產生褥瘡。

　　洗過手後，張富進將床頭的杯子裝滿溫水，才拉把椅子坐下來陪彭先生聊天。

　　看著張富進忙進忙出，汗珠如雨滴，彭先生眼眶泛紅地說：「他為我做的一切，連我親生兒子都做不到，更何況他是大頭家、大老闆呢！」

　　「無論好天壞天，他幾乎每個假日都會來；去年天氣剛開始轉涼，他立刻送來新的衛生衣及新棉被。我實在不知道要說什麼，才能表達感恩，只能在心裏祝福他身體健康、事業愈來愈發展！」彭先生說，他受慈濟照顧近二十年，認識張富進也已經三、四年了。

　　「見苦才能知福，還是要感恩父母給我們一個健康的身體，才有能力來幫助別人。」張富進謙虛地說。但其實在未加入慈濟之前，他可不是這麼柔軟和氣的一個人！

造福鄉里，出錢出力

　　一九七六年台灣正推動十大建設，土木工程科畢業的張富進，因成績優異、做事確實又負責，被老師推薦參與中山高速公路興建；服役後

227

每週六，張富進到環保站投入回收、分類工作，從過去理直氣壯的模樣，到如今和顏悅色彎腰付出，他以行動表現「做就對了」的法喜。

考入核三廠，之後再半工半讀進入中鋼任職。

工專畢業後，張富進學以致用，從基層做起，一路升遷為工地經理。一九九二年，他自行創業，從事營造工程；並與友人成立建設公司，自地自建。

三十五歲就當老闆，張富進年輕氣盛、個性強硬，在工作上為了求好心切，往往口不擇言；但在他的堅持要求下，工程逐漸做出品質和口碑，事業也愈做愈大。事業有成的張富進，不吝於回饋鄉里，還兩度當選太平市好人好事暨孝行楷模。

九二一大地震當天上午，剛接任太平國中家長會長的張富進表示：「一進入校門，映入眼前的狀況，只有一個『慘』字可以形容。大部分教室嚴重龜裂，柱子、樓梯鋼筋外露。如果地震發生在上課時間，那後果真是不堪設想。」

三天後縣府判定下來，太平國中屬於「危樓」，需要拆除重建。「當時陳田雄校長分析與考量後覺得，政府重建公文往來費時，完工日期無法確定。聽到慈濟願意幫助災區學校重建，大家研商後決定一起去拜訪證嚴上人，爭取援建。上人慈示：『校地有著落，援建就沒問題！』讓我們吃了一顆定心丸。」

皇天不負苦心人，張富進到處奔波，終於在一年之內找到了土地。期間，因部分用地屬不同地主，需請縣府協調徵收；又因大部分土地屬國防部，經過三次開會、五次溝通，才圓滿落幕。

二〇〇〇年十月太平國中重建工程啟動，隔年中秋節即興建完成。

放下身段，廣結善緣

援建期間，張富進看見各地志工不辭路遙來關心自己的家鄉，感動之餘，也認真思考，自己還能再為台灣這片土地做些什麼？

　　他決定將心動化為行動，每週六到太平慈濟環保站學習做資源分類，並跟著志工去做定點回收。

　　「總ㄟ！總ㄟ！你哪ㄟ在做這……」張富進提及，剛開始做資源回收，最怕遇到熟人，但愈怕就愈會遇到，往往要解釋老半天。「尤其到學校做回收時，從校長、主任、老師到學生，都會露出驚訝的表情，讓我感覺很不自在。」

　　張富進決定克服心理障礙。「看見一些老人家，不論颱風下雨都會來環保站，不嫌髒、不怕臭，還一副歡歡喜喜的表情，讓我感動又慚愧，心態也開始轉變。」

　　漸漸的，張富進看到髒臭物品時已能神態自若處理；跟車遇到熟人會主動打招呼，順便呼籲大家做好資源回收、減少環境負擔。他也在公司和工地落實垃圾分類，鼓勵兒子擔任學校的環保小志工。

　　張富進受證慈誠隊員後，決定吃全素，並恪守慈濟十戒的規定，不再為了應酬而喝酒、打牌。「減少應酬，讓我的身體更健康；處處結好緣，事業也愈來愈興旺。」

　　「以前啊！他白天忙事業，晚上拚應酬，跟孩子比較疏遠、面容也比較嚴肅。現在，他脾氣改變好多，會關心孩子的課業，會耐心聽我說家裏的大小事。有一次，我無心地念他：『家裏的事不做，只會去外面做！』他不但沒有不高興，還說：『從今天開始，家裏拖地、洗廁所都由我來包辦。』」妻子表示，這在以前她是連說都不敢說、想也不敢想呢！

　　張爸爸和張媽媽笑呵呵地一個點頭、一個說：「他小時候既乖又孝順，現在被上人教得更乖了！」

■

　　「我出身鄉下，從前阿嬤生病時，因為家裏沒車，到醫院非常不方便，我心想將來賺了錢，第一個就是要買車載阿嬤去看病；等到有能力買車時，只載了阿嬤一次，她就往生了！」張富進表示，這讓他明白「錢」不是萬能的。

　　「能捐錢很好，能親自付出更幸福。」他放下大老闆的身段，身處志工群中，彎腰合十向參訪會眾遞上一句：「祝福你！」

　　「以前做事業，容易有自我表現的心態；承擔志工志業後，懂得縮小自己，才能凝聚團隊向心力，隨時補位，才能圓滿每一項任務。」張富進分享道。

攝影／陳永和

聰明人生

撰文－林瑋馨

地震將輸水管震得柔腸寸斷，

在自來水公司服務的他，忙著安排人員搶修，

還支援同事的送水任務……

對工作認真又投入的他，

再過三年就要退休了，卻突然向長官遞出辭呈……

李聰明

二〇〇七年四月，任職自來水公司的李聰明，第二次向主管遞出辭呈。辭呈上清楚寫著：「……我服務自來水公司三十八年了，承蒙長官愛護；現在，因為我想轉換人生的跑道，參加慈濟當一個快樂的志工，請准予所請。」

這次，李聰明不給主管挽留的機會，他拜託說：「你就批：『尊重個人人生規畫。』」

那年七月，李聰明的退休生效了，比一般退休年齡足足提早三年半。

雖然放棄高薪，但這一刻，他才真正放下；這項人生重大抉擇，他等了七年。想想要不是七年前那場「要命」的九二一，他的人生不會有這樣的改變！

■

強震發生時，熟睡中的李聰明，被一陣劇烈的乒乒砰砰聲吵醒，他趕緊叫醒太太和女兒往外衝，突然聽到水塔爆裂巨響，嘩啦嘩啦的水聲，如瀑布急奔而下；在水管破裂、瓦斯管線遭破壞的情況下，一家人摸黑從後門倉皇逃離。

「一逃出來，我看到天空一片通紅，心想，應該是南投酒廠大爆炸，心裏不斷念著：『大災難來了，大災難來了！』」住在南投草屯的李聰明餘悸猶存地說。

李聰明位於草溪路的住家受強震蹂躪，地層下陷、牆壁嚴重龜裂。他急著前往富寮里探視雙親與大哥的安危，兩地距離不過一公里，卻因路面塌陷，只能繞遠路而行。富寮里離車籠埔斷層帶才五百公尺，受到嚴重波及，所幸親友都平安。一家人便決定搬到家族開設的托兒所空地暫時安身。

當天，李聰明顧不得家園滿目瘡痍，立刻回到自來水公司中興營運所

230

報到，開始了不眠不休往災區送水的艱困工程。

堅守崗位，為鄉親送水

當時，災區斷水、斷電，自來水公司緊急從台北、桃園等各地消防隊調來水車，在重災區設立固定給水站，提供住戶民生用水。

李聰明是自來水公司的業務主辦，負責住戶的抄表工作及電腦資料傳輸；因人手不足，他主動加入排班送水。中寮鄉爽文村管線斷裂最嚴重、路面最顛簸，原是由一位女同事負責，沒想到才跟車一天，她就表明後繼無力了。

「沒關係，讓我來！」李聰明不假思索地回應。

「阿明，你甘做ㄟ去！甘袂太累？」他的熱心，讓其他外勤同事替他擔憂。因為，中興新村給水站共有三十五個點，中寮便占了十二個。

內勤工作已夠李聰明忙得難以分身——哪一個地區有多少水表要換修，都會提報到他手上做彙整，也都要他安排人員去搶修。

那段期間，他天天從清晨忙到夜晚，一天至少六趟跟著送水車來回中寮和中興新村。地震後路況不佳，彎路又多，對從桃園來支援的司機是一大挑戰，李聰明也跟著一路搖

晃。有一次，李聰明爬到水車上面加水，沒注意鞋子溼滑，竟從水塔上面直接滑下來，還好只受些微擦傷。

早出晚歸的日子，直到爽文線在四十五天後修復，終告圓滿。想起那段「拚命三郎」的戰鬥時光，李聰明眼中閃爍著堅定深邃的神情。

「那段日子，沒有假日，吃不像吃、睡不像睡，從早送到晚。明明水都加滿了，鄉親們看到水車要離開，還是擔憂地不斷叮嚀：『要擱來喔，要擱來喔！』」傍晚六點多，李聰明回到辦公室繼續處理文件，直到九點才回家；他說，那時真的很像「無敵鐵金剛」。

「我相信一定會完成，我有一個目標在那裏——一定要讓鄉親有水可用！」服務鄉親，是地震後李聰明面對百廢待舉的土地，一心一意想做的事。

儘管送水過程，免不了遇到生離死別場面，尤其地震後一個月的自殺潮，讓他唏噓不已；他卻能很快地從悲情中跳脫出來。這股生生不息的動力，來自於李聰明在災後第二天和慈濟志工的偶然相遇。

興築希望，跳脫悲情

「要不要便當？你們有兩位嗎？我們送過去。」災後第二天，慈濟志工

進駐中寮爽文國小，為鄉親準備熱食。李聰明在送水途中，巧遇陌生的慈濟人。

「不用，不用，阮辦公廳有！」李聰明不好意思地連聲婉謝。「沒關係啦！」志工還是熱情地遞上餐盒。

餐盒的溫度，匯成一股暖流，湧入李聰明心房。「唉呀，怎麼這麼好！」接到熱騰騰的餐盒，李聰明由衷感動，回辦公室後，他迫不及待地和同事分享。

過沒多久，李聰明又聽到慈濟將在南投市德興棒球場預定地為鄉親興建組合屋，他好奇地跑去觀看，「你們從哪裏來的？」

「北部來的。」

「你們不用上班嗎？」

「有的請假，有的自己是老闆。」志工指著旁邊一位頭戴斗笠和手套，做得滿身大汗的男子解釋道。

「哦……原來是這樣！」李聰明每天送水每天看，一片空曠水泥地很快就搭起組合屋，「那種感覺很棒，好像整顆心也跟著慈濟動起來了。」

家家戶戶生活恢復正常，已到了二〇〇〇年初。新春將屆，大夥兒忙著除舊布新，李聰明夫婦終於想到自己「不像樣」的家，也該整修了。

太太洪玉蘭在中華電信上班，負責障礙台話務部門，比李聰明更忙。

兩人各自忙著工作，根本無暇思考重建事宜。正好因為家族的房子在地震時皆有受損，大家請同一個師傅一起合建，李聰明只需在下班時，繞過去看一看，房屋很快在農曆年前就完工了。

此生有限，把握付出

二〇〇〇年八月，適逢大林慈濟醫院啟業。慈濟援建的草屯鎮炎峰國小正是女兒任教的學校，校長邀約師生、家長參訪大林慈院。

「一去，我就被田中央的這所大醫院嚇到……」李聰明看到慈濟人尊重生命的那分用心，一路上滿滿的感動。

填下社區志工報名表的剎那，李聰明就把自己交給了慈濟。一項項勤務接踵而來，從大里塗城國小希望工程整地、鋪設連鎖磚，到社區環保，每一項組隊邀約的活動，只要有空，他一定出席。

「在水公司服務了三十八年，最操勞、最艱苦的就是地震後那段日子，當時的工作量超出平常好幾倍！」走過九二一地震，勞心勞力的李聰明，面對慈濟頻繁的活動，倒覺得稀鬆平常。

「他下班回來，幾乎天天出門，把慈濟擺第一！」洪玉蘭雖曾為此而不

快，但她最津津樂道的仍是李聰明進入慈濟的改變——戒酒。「以前，一聽到他要和同事去聚餐，我就開始煩惱了！如今，即使兄弟勸酒，他還是拒絕，就算被大家消遣，還是不為所動。」

「這一點，他改得很徹底！」洪玉蘭滿意地說：「本來他同事還不相信，打賭說如果李聰明真的戒酒，就送給我兩千塊。」後來，同事還真的拿兩千元來按李聰明家門鈴。

■

「阿明，你不要退休啦，我們做自來水送水給人喝，也是做功德。」

「那不一樣啦！我如果不退休，有薪水可以領，但是慈善做得少；退休後，可以做得多，賺歡喜啦！」

「你那ㄟ這麼奇怪！」同事不解。

「我感覺做慈濟有卡好、無卡歹！」李聰明笑著回應：「因為壞習慣都沒有了，跟善知識在一起，還可以『學善』——學做善事。」

現在，如果有人問他：在人生的成長過程中，什麼才是最重要的？人活在世間，到底要追求什麼？

李聰明會很有智慧地告訴他，此生有限，終歸老死，要把握當下，努力付出，「簡單踏實，過非常深刻而無所虛擲的人生，才是最真實的！」他說。

李聰明將多數時間奉獻於志工服務；他笑說做得愈多，賺得愈多。

攝影／簡宏正

多重失落的心理療癒

瞬間失去親人、家園、健康……地震造成人心多重失落。
歷經十年，震毀的房舍多已重建完成，人心巨大失落感，是否漸次撫平？

撰文－賴怡伶

「彼蒼者天，曷其有極！」唐朝大作家韓愈在〈祭十二郎文〉中，對早年相依相繫的姪子離世，筆盡於此，令人深刻感受到他的慟。即使經過了數百年歲月流轉，生離死別，依然是人世間最大的苦楚。

生命的循環週期自然地來到盡頭，即使因失落而痛楚，傷痛也會因明瞭天意而漸次減少。然而，當無常示現，生命在意外間突然消逝，並隨著房屋崩垮而來，生活也在那一刻走樣。

九二一大震，奪走了台灣島上兩千四百多人的性命、震毀了十一萬戶房舍。歷經十年，房舍多已重建完成，人們生活漸回軌道；但是隨著兩千多人離去而破碎的心呢？他們是如何撫平心中的創傷，甚至生出面對生活的勇氣？

失落

地震是多重的失落——喪親之慟、房子倒塌、財務困難、健康受損；在重建過程中，面臨法律糾紛、媒體追擾……多重的高壓，滲透在受災民眾各個生活層面，讓他們要重新調適生活與心理益發困難。

「慈濟人在參與救災過程中，盡量支撐修補每個受損層面——讓逝者靈安，對傷者持續關心追蹤，並藉由煮熱食、蓋組合屋等方式，幫助受災民眾重建生活，讓他們自立的腳步更快更穩，並感受到社會的愛心。」心理諮商師李開敏表示，深陷痛苦中，那雙主動關懷的手，更顯得重要。

「時間是治癒喪親的關鍵因素，但不是絕對因素。」李開敏指出，早期調適是關鍵的指標；若是一開始就沒有把握時間療癒，任其麻木僵化，未來極有可能出現創傷後壓力症候群（posttraumatic stress disorder，簡稱PTSD）。

「只要經過長時間的追蹤與治療，創傷後壓力症候群仍是可以治癒。」國軍北投醫院副院長李嘉富說，約有五成患者需三年以上時間復原，其中三成會完全康復，但還有七成偶爾會出現症狀。

評估心理復原共有五項指標：一、恢復生活能力。二、解決情緒困擾。三、恢復社會角色功能。四、享受愉悅感。五、對未來有所期盼。李開敏表示：「五項皆達成，可說復原情況良好；然而只要有一項未達到，仍然困擾當事人，則可能要尋求專業協助，或運用團體、家庭等資源來循序解決。」

李嘉富提醒，若當事者已經恢復生活常

軌，只有在九二一周年時，情緒較易波動，日後仍恢復，屬正常現象；若當事者有情緒麻木、驚恐、反覆出現傷痛景象等症狀持續達一個月以上，就要尋求精神醫學的支援。

面對

「即使已經過了十年，應該還是有人會在半夜哭泣，處於重度創傷中未曾接受治療。」李嘉富援引報告指出，地震發生後，二成五的民眾有急性壓力反應，其中約有百分之六到十的民眾產生「創傷後壓力症候群」；然而當時的資源很多，民眾可運用的管道也較多，所以大部分民眾康復較快，但仍有二成民眾會選擇用酒精、藥物來麻醉自己。

「有急性壓力反應的民眾中，願意尋求精神科協助的，只佔其中二成左右；有後續追蹤意願者，則更低了。」李嘉富表示，因國人對於精神科的偏見，認為看精神科就是神經有問題，所以尋求精神診療的意願較低；相對而言，更多民眾選擇以民俗療法如收驚、觀落陰等方式，來安撫受創的心。

「在傳統儀式的過程中，人們可以獲得支持性治療的效果——他們覺得有個全能的神願意無條件支持他們、關心他們，只要依靠就可以得到幫助；無形間也會因信賴而產生力量。」

不過民俗療法也有其侷限性。李嘉富說，若是宗教無法改善其身心症狀，還是要尋求醫學協助。「若當事者持續身體不好卻找不出原因、情緒暴怒或悶悶不樂、出現憂鬱症狀甚有想死念頭……不是單純談話、散心可以解決的，則可進一步轉介精神醫療。」

李嘉富表示，當病患畏於就醫時，志工的社會關懷、主動介入，可提供持續正面的力量。

然而，陪伴喪親者難以看到立即的回饋與改善，甚至會被投射以負面情緒，可能讓許多志工覺得很無力。李嘉富強調：

面對地震災害帶來的多重失落，除了喪親者的悲傷處理外，如何面對失落、處理失落、放下失落，更是重要的課題。

攝影／林澤楨

攝影／金成財

地震造成崩塌損毀的不只是看得見的家園，喪親者的心理復健，更需要社會各界投入長期的關心與陪伴。

「志工的陪伴絕對有正面的功效。若是保持這樣的信心去陪伴、關懷，許多患者只要讓當下負面情緒經過，就能更快振作起來。」

療癒

曾經低落的心情，會有雲開見月的一日；然而椎心刺骨的喪慟，有無完全復原的一天？

李開敏坦言：「沒有完全復原的一日。因為無法取代的回憶仍在，傷痛和哀思時會出現。一般人會逃避喪親情緒的流洩，因此在處理喪親者情緒時，我們會比較強調面對悲傷的步驟——如何面對失落、處理失落、放下失落，是更重要的功課。」

「在悲傷輔導過程中，有一項『意義治療』，是幫助當事者更了解自己的痛苦，並

詮釋它。」李開敏表示，國外許多研究顯示，即使是最痛苦的喪親歷程，依然在其中有學習和成長，並有新的體悟。

慈濟大學宗教與文化研究所副教授盧蕙馨認為，「療癒」也許要用上一輩子的時間；然而，「這道死亡的關卡也為他們打開另一條活路，教他們活得更深刻有力，清楚地照見生命其實以不同的形態，跨過生死之間的鴻溝，緊密相連。」

盧蕙馨指出，心理諮商的方法，是釐清、觀察、放大問題，從脈絡中去思索，進而修補問題；較著眼於過去、歷史分析。慈濟志工採行的是另一種療癒方式。

「親人驟逝帶來的傷痛、撫平巨大的失落感，需要生命走過這番歷程的相互借鏡。慈濟人不看過去、不檢視個別的問題，在所經營出的和善環境中，讓喪親者發現人可以做自己的老師、自我成長，而不完全仰賴外界的推敲。」

無人知道往生後的去處，「轉念」也不是那麼容易的事；盧蕙馨表示，感覺被「掏空」的生命，需要找尋新的活力，以另一種生活方式和更寬廣的人際關係，重新安頓自己。

十年時間，沖淡了哀傷，但不代表它不再存在；陷溺哀傷情緒，不論對往生者或在世親人毫無正面幫助。生死是人世的常態，古往今來無一人可避免；佛教的「無常觀」，有助於面對突來的生離死別。

「透過人與人之間的關係締結，受助的人也能助人，在更大的關係裏，心靈能得到安頓、開闊，就不會侷限在關係斷裂的傷痛當中。」盧蕙馨指出，這是許多受災

民眾在投入志工服務中，得以自我療癒的
關鍵。

陪伴

九二一地震中，有一百三十四名十八歲
以下的兒童及青少年成為孤兒，他們來自
九十六個家庭。災後多數進入扶養家庭，
只有十二名孩子住進孤兒院。

根據內政部兒童局委託兒福聯盟，在災
後為失依孩子所做的生活狀況報告，災後
一年，孩子遷移比例極高，將近四分之一
遷移至北部生活。

「孩子懷著父母驟逝的傷痛和失去家
園的不安，進入陌生的環境，心理上勢必
面臨巨大衝擊。」兒福聯盟中區辦事處主
任施靜芳表示，出於對過世親人的情分，
許多人毅然接下扶養責任，但因為不同生
活習慣所產生的衝突，以及日積月累的負
面情緒，都需要旁人情感支持或提供客觀
建議。

年幼的孩子，或能順利融入撫養人家庭
中受人疼愛；已形塑出個性的青少年，相
對而言就面臨較大考驗。施靜芳說：「彼
此相互觀察忍讓約半年後，衝突就可能產
生。此時社工要成為溝通的橋梁，讓大家
都願意努力。」

即使社工像是眾人愛心的匯聚者，努力
為孩子披荊斬棘，卻依然有他們無能為力
之處。施靜芳說：「某一年母親節，有位孩
子到公共電話亭打電話給我，他悲傷地
說：『我在住的家裏過母親節，但那不是
我的母親節、那不是我媽媽。姊姊，我要
怎麼做才可以喚回我的媽媽？』」

「聽到他這句話，我有好深好深的無力
感——不管我們再怎麼努力，都不能把他
最想要的東西給他；這一分永遠的失落，
無法彌補。」不過這件事也改變了施靜芳
的看法：既然已經回不到過去，要怎麼看
待這分失落？

「孩子有這分期待，我們就盡量替他滿
足。後來，我請孩子寫信給媽媽，他很努力
地寫，悲傷的程度就逐漸降低了。」

喪親孩子和一般孩子一樣，同樣在人生
階段中往前走，只是當他們面臨人生抉擇
時，沒有父母給予諮詢鼓勵。這時除了撫
養人，社工也會成為他們選擇諮詢的對象
之一。

施靜芳表示，孩子成長的過程，社工也
從他們身上學習到堅強與勇氣。「時間是
治癒傷口的良藥，隨著孩子年齡增長，也
有新的生命體會。有的孩子花了很多力氣
找方法，也有的孩子樂觀以對。」

施靜芳舉家汶為例：「她曾經也經歷過
怨天尤人的階段，但至今了解有些人是真
心待她，也知道有些人比她辛苦，而慢慢
累積出正面的能量。」

十年後，有超過半數的孩子已經成年結
案，但仍有已成年而未結案的。施靜芳表
示，因為評估他們的生活、未來規畫，仍
有需要社工關注之處。

時間或許帶走了悲傷，卻帶不走永久
的失落。年輕的孩子，扛起沈重的生命課
題，但他們的反應常常超出社工的預期之
外。施靜芳笑道：「有時候會想，本來是我
們去陪伴孩子的，結果孩子反倒教我們更
多生命功課。」

撮影/孫惠達

米粉湯的溫暖滋味

撰文-王守白

老家上百年的四合院已成廢土堆，

她奮力搬開石塊、挖掘，

尋找父母和妹妹的蹤影……

在集體停屍間，握著家人冰冷僵硬的手，

她痛苦哀號，

「那時，有一雙手緊緊抱著我，勸我吃一點熱食……」

詹玉琴

車子行過東豐大橋，前方的豐勢路和中興街是東勢鎮的市中心，商鋪林立、人群熙攘，一片繁榮景象。

從通往谷關溫泉的要道東關路轉入巷弄，繞了三個彎，一幢兩層樓房呈現在眼前。樓房的右邊，連著一大片由鐵皮搭建的廠房，裏頭正飄出陣陣豆腐香。

廳堂裏走出一位滿頭銀髮的婆婆，她手拄木杖、邁著小碎步，神采奕奕地引領著大夥進入廠房，邊走邊喊道：「玉琴，有客人來唷！」

六十歲出頭的詹玉琴，戴著口罩和手套，身手矯捷地將釀製完成的豆腐乳裝瓶密封。見婆婆到來，立刻放下手邊的工作，將婆婆攙扶入座，體貼親暱的動作，真是一幅溫馨的畫面。

「這是我的婆婆，九十四歲了，感恩她一直陪伴著我。」詹玉琴笑望著婆婆。

詹玉琴說，婆婆和她的父親同年

齡。「如果不是那一場大地震，也許我的父母親和妹妹都還健在……」她紅了眼眶，思緒也在瞬間回到了十年前。

那一夜漆黑漫長

一九九九年九月十九日週日午後，兄妹們乘著聚在娘家老宅院的機會，商議著五天後的中秋節，要帶父母到舅舅家賞月。

只是，沒想到再度見到父母和妹妹，已是天人永隔，無緣再和父母共賞一輪明月了！

中秋節前三天的凌晨，好夢方酣之際，一陣劇烈的搖晃，把詹玉琴夫婦從床鋪摔落到地板上！四周黑漆漆的，隱隱約約聽到地鳴聲響。

掛念著婆婆安危，詹玉琴幾度站立又被強震震倒。「好不容易爬到房門口，我貼著牆壁走，被東倒西歪的家具絆倒好幾次，才到婆婆房間裏；和小姑合力將嚇得發抖的婆婆揹到

屋外空地。」

詹玉琴餘悸猶存：「那天的黑夜特別漫長，餘震一直來，我還聽到鄰居的哭喊聲，也不知道是哪一家！」

「廠房釀製好的豆腐乳和玻璃瓶全都報銷了，還好家人和住家都平安。」慶幸之際，詹玉琴卻見住家後面有幾戶土角厝倒塌，心中起了不祥預感。

天露微光，她心急如焚騎著腳踏車，一路跌跌撞撞回到詒福里的娘家，幾乎不敢相信自己眼睛——上百年的四合院建築成了廢土堆！

她奮力搬開土塊，徒手挖掘，磨破了手皮，還是找不到父母的蹤影。

「在鄰居幫忙下，先救出被梁柱保護著的大哥和大嫂。附近剛好有一輛挖土機也來協助，到中午才找到

爸爸、媽媽和妹妹……我哭得昏了過去，那時真是悽慘呀！」詹玉琴哀痛地說。

得知父母和妹妹的遺體被送往台中縣林務局林管處舊廠房（今大雪山東勢林管處），詹玉琴緊隨而去，只見沿路都是崩塌的房屋和支離破碎的路面。

一百多具遺體已安置在現場。「有的血肉模糊、有的缺手缺腳，有的只用衣服蓋著……」詹玉琴拭去淚水說：「在那裏走路要非常小心，一不留神，就會踩到罹難者的遺體。」

握著父母冰冷、僵硬的手，詹玉琴傷心哀號。「那時，有一雙手緊緊抱著我，溫言地勸慰我先吃一點熱食。」淚眼模糊中，她看到對方身著藍上衣、白長褲，臉龐似曾相識。

走過喪親之慟，詹玉琴以釀製豆腐乳的好手藝撐起一家生計，珍惜婆媳相伴的幸福。

攝影／徐振富

徹骨的痛怎挨過

地震後，許多救援團體和國軍官兵進入東勢，進行救援與賑濟工作。這些來自四面八方的愛心，撫慰著東勢居民的身心靈，也鼓舞了生命意志；而最讓詹玉琴銘感五內的，就是那個溫暖的擁抱。

「地震後第一口食物，就是慈濟志工煮的米粉湯。十年了，我還記得那滋味！」詹玉琴臉上浮現一抹微笑：「之後無數餐熱騰騰的粥飯和飲水，也是慈濟提供的；就連父母和妹妹的後事，也是慈濟志工幫忙張羅。」

有一段時間，詹玉琴不停思索著：「是怎樣的愛，讓這些非親非故的志工們，在災區沒日沒夜照顧受災的人？」

那年十一月底，證嚴上人行腳來到中部地區，參與慈濟為大愛村民舉行的歲末祝福晚會。

那個夜晚，寒流來襲又下著大雨。在人群中的詹玉琴，見上人冒雨而來，沒有片刻休息，就開始關心居民的生活起居，心裏很感動。

這是詹玉琴第一次見到上人，她雖然被擠到會場最後面，只能遠遠看著，卻莫名地淚流滿面。

「上人告訴我們：坎坷的生活已經過去了，大家要以歡喜心迎接未來一年。接受愛的人有福，付出愛的人更

有福。」雙手捧著上人致贈的福慧紅包，詹玉琴想起災後種種際遇，衷心期許自己也能做個有福的人。

四代同堂的幸福

地震後不到一年——二〇〇〇年八月，罹患肝硬化的丈夫，因為病情持續惡化而往生。

一年內，失去了四個摯愛親人，讓詹玉琴陷入茫然失措的處境。夜晚，她暗自垂淚到天明；白天，又一肩撐起家中釀製豆腐乳的生計。當時唯一的兒子正在服兵役，已出嫁的女兒心疼母親，主動回家幫忙。

「那是生命最痛苦的階段。好在有慈濟志工的陪伴，有了依靠，那種徹骨的痛才得以減輕。」詹玉琴說。

那段期間，正好慈濟援建的東勢國小動工，心懷感恩的詹玉琴，收藏起失親的哀戚，加入志工行列。

每日清晨，她快速做完家事後，就匆匆趕往重建中的校園調煮茶水、起鍋做飯、料理蔬食，期望能為辛苦的工程人員和志工們添加好體力。

「慈濟志工不遠千里從各地來到東勢幫忙，我身為在地居民，更該盡一點心力。」香積、茶水、整地、鋪連鎖磚、種植綠草皮等，詹玉琴參與校園重建的那兩年，體會了付出無所求的歡喜。

慈濟北區教聯會的老師們利用週

二〇〇八年緬甸風災和四川地震接連發生,詹玉琴投入街頭募款募心;希望當年她所感受到的溫暖,可以同樣傳遞到世界上其他受災民眾的手中。

末,每個月到東勢國小的簡易教室帶動一系列親子活動。

活動中,詹玉琴聽到右眼失明、雙手和右腳都截肢的口足畫家謝坤山分享:「不要計較失去什麼,而是要想想自己還擁有什麼!」她警醒到自己有婆婆、小姑、兒子、女兒,還有慈濟這個「大家庭」,怎能一直沈溺在失去丈夫的傷痛中!

■

談到慈濟這個「大家庭」,詹玉琴笑瞇瞇地說:「做慈濟真快樂!最感恩我的小姑和媳婦,有她們幫忙照顧婆婆,我才能安心去做志工。」在家人的支持下,她積極參與培訓,並受證為慈濟委員。

原本,詹玉琴對喪葬事宜相當忌諱,「連路過棺木店都會心生恐懼,想辦法繞路而行。」現在的她,對生命無常有了不同體悟,有時一天助念好幾場,也是輕安自在。

照顧丈夫那段日子,讓她了解健康的可貴,每當擔任醫療志工,都能以自身經歷貼近病患的心,為病患和家屬分憂解勞。「患者痊癒出院,就是我最快樂的時刻。」

看見兩歲的孫子搖搖晃晃走過來,她順勢抱起,笑逐顏開地說:「娘家的房子剷平後,在原地重建樓房。我沒了四合院,卻有了四代同堂的幸福!」

愛的禮物與祝福

撰文-賴怡伶、涂羿玟　攝影-李奕杰

孩子滿月那天，她指認出先生的遺體，

不得不接受生死相隔的事實。

十年了，哀慟不曾遠離，

但她明白——

好好養育兩人共同的小生命，

將生活過得幸福充實，

是她當下最重要的任務。

涂廷芳

「四川的災民好可憐，媽咪，我們捐錢去救他們好嗎？」二○○八年五月中旬，電視畫面不斷播送汶川大地震的消息，涂廷芳淚流滿面；就讀小學三年級的彥蓁貼心地為媽媽拭去臉龐的淚水，說要把存滿零用錢的竹筒捐出去。

「十年了，時間過得真快……我們一路走來有很多人關照，還是比很多人幸福。看到四川地震，真的很傷心，希望他們也可以像我們母子一樣，遇到許多的貴人。」

談到地震，涂廷芳的神情依然有些哀戚，畢竟那是一個改變她生活的重大變故；但是話語一啟，她卻有道不盡的感激——也是那分感激的心和親友的扶持，才讓她走過了這難熬的十年。

希望，在剎那間成空

涂廷芳從事汽車領牌工作，先生是售車業務員，兩人在工作中相識，相戀七年結婚。婚後兩年，為了迎接新生命的到來，他們買了位於大里市的「台中奇蹟」大樓。

一九九九年九月初，涂廷芳平安產下孩子後，回到苗栗娘家做月子。九月二十一日深更，一陣天搖地動，令人心頭一驚；視訊、通訊、電訊都斷了，涂廷芳聯絡不上在大里的先生。

老同事李奕杰、郭佳雯夫妻驚險逃出倒塌的大樓，還沒回過神來，就接到涂廷芳的電話：「我一直打不通我先生的電話，你們可以幫我找看看嗎？」

「廷芳，現場管制中，我沒辦法進去。但是你不要擔心，我會繼續了解最新消息……」

等不及李奕杰再度回報，涂廷芳聽到廣播傳來「台中大里奇蹟大樓倒塌，目前仍有多人受困其中……」的消息，顧不得仍在月子期間，將嬰兒託付母親，立刻開車南下。

看到新家已成斷垣殘壁，黃金救

好好培育兒子，生活過得幸福充實，涂廷芳將對逝去丈夫的不捨轉化為祝福和放下。

援時間一分一秒過去，涂廷芳雙膝一跪，痛徹心扉哭喊，發瘋地直往瓦礫堆中挖，指甲縫滲出的鮮血沾滿了土石，整顆心瀕臨崩潰……

「你這樣做對你先生不好。」開言，涂廷芳愣住了，抬頭見一婦人蹙眉看著她。剎時，那淌滿細沙的眼睛、斷了指甲的手指頭，隱隱作痛。

隨著住戶平安名單逐漸揭露，涂廷芳明知先生凶多吉少，但仍存著一絲希望守在災區，無論如何都要等到先生的消息。

然而，日子一天天過去，災後第十七天，也就是孩子滿月那一天，救災人員請涂廷芳指認先生的手、小腿與衣物……那一刻，她不得不接受先生往生的事實。

陪伴，是堅強的後盾

在救災現場，慈濟志工發現涂廷芳無助的身影，給予她溫暖的關懷；眾人的點滴善意，她銘記於心。

「第一筆急難救助金、第一碗熱騰騰的麵湯、第一個安慰的擁抱……慈濟人的陪伴，讓我很感激！」

「先生走得這麼突然，我覺得很不甘願。起初我怎麼想都想不通，怎麼會發生在我身上——昨天才看到人，今天就不見了，日思夜想也夢不到他。」

「我想要獲得一個答案，就到處去求問；直到問到他過得很好，叫我把孩子照顧好，我才比較有信心。但即使到現在已經十年了，我還是會牽掛，祭拜他時，還是會哭啊……」

為了不讓親友擔心，涂廷芳將哀慟盡往心中藏；「為母則強」的那分本能和責任，她擺在最優先；但是獨自照顧孩子的苦、工作中遭遇的挫折和打擊、甚至惡意中傷和侮辱……有時超乎她所能承受的。

「坦白說，我也曾想過要自殺。有幾次受到委屈，帶著孩子到倒塌的大樓附近，一直哭一直哭，不解自己的遭遇，真希望能跟著先生一起去！」

脆弱時候，所幸有朋友的貼心陪伴和關懷。有多年同事情誼的李奕杰、郭佳雯夫妻，無論在生活上、工作上，都是涂廷芳最體貼的助緣。

李奕杰夫婦所住的大樓也因地震成為危樓無法繼續居住，重建加重了經濟壓力；然而看到老朋友在地震中往生，涂廷芳帶著兒子生活倍感艱辛，因此在老長官的照顧下，他們三人一起離開公司，獨立出來辦理領牌業務。

「這麼久的同事情誼了，就是盡自己的一點力量而已。」從同事到好友，一起成為受災戶，又一起打拚事業，郭佳雯表示，她和涂廷芳的感情，似乎比自己的妹妹還親近。

「彥蓁大概四歲的時候，比較懂事了，會問：『爸爸在哪裏？』廷芳隨口編了一個理由說：『爸爸去美國打賓拉登。』但他不相信，還是不停地問：『為什麼同學都有爸爸接，我都

喪夫之慟曾讓涂廷芳（右二）難以承受，所幸有好友李奕杰、郭佳雯夫婦（左一、二）一路陪伴和關懷，讓她珍視當下的幸福。

攝影／鍾江波

沒有？」李奕杰、郭佳雯夫妻看著彥蓁長大，對他視如己出；得知此情況，郭佳雯不假思索就請先生幫忙接送。

有一回，彥蓁到李奕杰家玩，突然脫口問：「您當我爸爸好不好？」小小臉蛋極欲得到答案的眼神，揪得李奕杰的心好疼。從此，李奕杰成了他口中的「野貓爸爸」。

幸福，因為感恩擁有

「我曾經很怨懟先生只留給我兩張照片。但是後來才發現，他留給我的還有好多⋯⋯他的廣結善緣、做事負責、為人熱忱，都還一直留在許多人心中，並且嘉惠我們母子。」

「以前我有心事會悶在心裏，現在我會去找人家講，慢慢解開心結。沮喪時，事情總往壞處想，朋友會引導我朝正向態度去思考。」涂廷芳說：「一路上，朋友真的不吝惜幫我；雖然現在時機差賺錢不易，但是我們還是很幸福。」

在涂廷芳的眼中，十歲的彥蓁儼然就是先生的翻版。「他很幸福了，因為去上慈濟兒童精進班，獲得很多愛。我都跟他說：『你很好耶，看到男生可以叫爸爸、看到女生都叫媽媽，有那麼多人可以撒嬌！』」

賣掉了傷心處，涂廷芳母子賃屋居住，她把彥蓁當小大人似地說：

「你要體諒媽媽，我們家是一個人賺錢，生活很不容易。」

父親節到了，收到了彥蓁製作的卡片，上面寫：「您辛苦了！」涂廷芳看了又好氣又好笑，「不過收到這張卡片也很高興啦，他知道我的處境。」

因為兒子的關係，涂廷芳成為慈濟兒童精進班的人文志工；空暇時，她常帶彥蓁去做環保，母子倆做得渾然忘我，不亦樂乎。

「因為照顧孩子的關係，她沒有辦法像我們夫妻這麼投入慈濟；但是在為兒童精進班做記錄的過程中，她也能夠點點滴滴體會到慈濟教育孩子的理念，進而擁有更正向的力量。」李奕杰表示。

■

「現在的我，主要責任就是把彥蓁照顧好、把生活過好，才能回報大家對我們的點滴關懷。我也告訴彥蓁，以後要做一個手心向下的人，對社會多盡一分責任。」

喪失丈夫的痛，依然在涂廷芳心中偶爾發作；然而培育兩人共同的小生命、將生活過得幸福充實，是涂廷芳當下最重要的任務，也是已逝的丈夫留下的愛的禮物和祝福。

把握生的無限可能

撰文－賴怡伶

攝影／劉蜜芝

劉家汶

小時候，我的家是一棟有庭院的三層透天，
雖然它是租的，卻是我們幸福又甜蜜的家。
十年前，我的家在地震中被壓垮了。
現在，我的家是想像的，只要用畫筆就能填補內心的渴望，
有一天，當我擁有自己的家，我會將它布置成從前家的樣子，
一個人靜靜坐在桌前發呆，在午後的陽光下畫我的家，
這樣，我就能永遠保有我的家。

——摘自二〇〇九年劉家汶日記

是這樣一個平凡而忙碌的二十歲少女——皮膚白淨、眼神明亮，就讀大二的劉家汶，主修商科；愛笑的她參加了攝影社團與心輔社團，在進修專業時還不忘培養對於這個世界的喜愛與關懷。即使已是暑假，她仍持續打工，還有一件事情要做——固定到台北進行右腿水療復健。

這個平凡的女孩，有不平凡的人生歷程——十年來，她少了父母的支持，肢體上的殘障造成身體的不便，明亮的眼神卻更有力量。

十年前，驚動台灣的九二一大地震，位在台中縣大里市的金巴黎大樓倒塌，連帶壓垮在旁的住屋，帶走了劉家汶的父母姊弟共四人；受困了十數小時後，二姊和她幸運生還。家汶的右腿因為長時間壓在瓦礫堆下，遭受膝蓋以下截肢的命運，並由叔嬸撫養至今。

是什麼讓她走過喪親之痛、肢殘之傷？是社會的大愛、體貼的關懷，還有自我纖細而溫暖的心。

桀驁童年

「我小時候真的是壞到不行，家人都對我很頭痛。」有著嬰兒般粉白臉龐的劉家汶，穿著白色泡泡袖的娃娃裝，連說話聲音也有拔高的娃娃音。青春正盛的女孩，卻說出令人震撼的話。

「壞到不行？」

地震後，即使面臨父母雙亡、右腿截肢，她總用積極樂觀的笑容面對旁人，宛如一個再標準也不過的勵志榜樣，但此時她卻毫不掩飾陳述自己的「罪狀」。

「我小時候很叛逆，什麼事情都想試試看，而且一定要帶著跟班——弟弟一起做。有次去書局，我慫恿弟弟在老闆看不到的角落，把東西放進口袋裏。沒想到頭頂上方

就是攝影機，回家被媽媽痛打了一頓……」

和弟弟一起犯下的「冒險事蹟」不僅如此——帶弟弟學大人抽菸、玩燒紙遊戲不小心讓家中著火，引來消防隊……當年才國小二、三年級的劉家汶，在一連串調皮事件中，顯露出性格特質。

「別人常說我是『恰北北』，因為我成績不好，衣服又常髒髒的去學校，從小被排擠欺負慣了，當然要愈挫愈勇啊！」劉家汶不以為意地說。

當年父親賣水果，母親為維持家計，也兼差做黑手，生活清苦。「小時候剪頭髮，四個小孩排排站，媽媽拿一個大碗公蓋在頭上，沿著邊把多餘的頭髮修掉。真的很醜！可是沒錢也沒有辦法。」

即使如此，父母的愛未曾少過。「我們都是在愛中長大的小孩，家裏窮沒關係。」身為老三，她在調皮倔強的性格下，有一分對世界的好奇和韌性；還在建構著價值觀時，習以為常的世界，突然坍塌了……

劫後餘生

「當時我已經睡熟，搖得正厲害時，睡下鋪的姊姊突然握著我的手喊：『地震了！』」

劉家汶渾然不覺自己的右腿被水泥塊壓住，還問姊姊：「沒事為什麼把電燈關掉？」姊姊告訴她，房子塌

王理（左）因為拍攝節目的因緣，與劉家汶成為忘年之交。二〇〇四年夏天，劉家汶升上高中，王理陪她到新學校註冊。

照片／大愛電視台提供

了。「還好姊姊把我喚醒，不然現在不知道怎麼樣。」

談起這段經歷，劉家汶口氣淡淡的，彷彿在敘述一段普通的際遇：「黑暗中，姊姊告訴我，媽媽可能不在了……」姊妹倆受困十幾個小時，終於被救出。

劉家汶在醫院加護病房中清醒過來，親友告訴她，媽媽在另一間醫院。「但是我隱約感覺到，家人已經不在了……」

「在加護病房住了一個月，剛開始總是醒醒睡睡，一方面是身體虛弱，一方面可能也是抗拒著，醒來要接受許多事實。」得知家庭破碎，劉家汶籠罩在失去家人的哀傷，與害怕再次地震的恐懼中。

當時因為插管無法說話，每當加護病房大門開關造成震動，她便狂按呼叫按鈕，「一點點風吹草動都會讓我很緊張，覺得餘震來了，要趕快逃……即使現在，我都不敢關燈睡覺，因為會怕。」

劉家汶每天晚上都哭，哭了一個月後，她決定不再掉淚了。「我告訴自己，媽媽離開後，就不用再為我們這些小孩操勞了……」

記憶中，家裏管她最嚴的是媽媽，最疼她的也是媽媽。「小時候，媽媽很喜歡帶我上市場買東西；媽媽牽著我的手、跟我說話的樣子，到現在我都還記得。」

以往每到母親節，劉家汶都會送花給媽媽；失去家人後，思念更深，「想到媽媽不再摸我的臉、摸我的耳朵、在我身旁說話，就像自人間蒸發了一樣，就覺得好難過。」

思念，透過夢境傳遞，給了她一個答覆。夢中，劉家汶來到母親安息之處，也到冥界探視家人。

「我問媽媽，知不知道今天是什麼日子？媽媽只是開心笑著。我拿出一束花祝她母親節快樂，當時我情不自禁，哭得很傷心，一直抱著媽媽……或許你不相信，但是至今我還記得媽媽擁抱我的體溫。」

夢境，醞釀自深刻的想念，也完成最由衷期盼的心願。

現實生活中，劉家汶與姊姊被叔叔嬸嬸收養，從大里市塗城國小轉學到瑞城國小。離開了熟悉的家庭和環境，思念與現實考驗，伴隨著她長大。

誰懂我的心

地震後兩年，劉家汶上了國中，姊姊則到台北讀書，那段時期是她心中的「低潮期」。

「我常感覺徬徨。姊姊遠在台北，同學也不是很了解我的想法；回到嬸嬸家，只有簡短招呼。感覺沒有人能體會失去家人的感覺，也沒有人

真正懂得我的心。」

步入青春期的劉家汶,更需要旁人的關注,她深知那樣的「低潮」、「隔閡」來自何處。「叔叔嬸嬸願意收養,我們已經很幸運了,我不想製造麻煩,讓他們煩惱。」

為了不造成叔叔嬸嬸的負擔,劉家汶學習手工藝、打工賺取零用錢。當年那個好奇調皮的小女孩,逐漸變成乖巧拘謹的少女,古靈精怪的個性隱藏起來了,但是心中的苦悶與煩惱該向誰說?

關心九二一地震失親的孩子,慈濟大愛電視台記者王理,悄悄打開了她的心門。

「地震後一年多,王理姊姊跟我聯絡。剛開始,很多事情不敢跟她說;認識愈久,愈來愈喜歡她。王理姊姊像我的媽媽、朋友和姊姊,她會主動關心我,也非常懂我,我在她面前表現最真實的一面,想哭的話會找她。」

王理透過鏡頭,記錄劉家汶的成長與歷練,也用體貼善解的心融入她的生活。

「第一次和家汶見面,感覺她是率直坦白的女孩。她很早熟,和我分享許多內心事;我感同身受,常常哭得比她還多。她在人前都是笑笑的,就怕給大家帶來麻煩。認識這樣一個孩子,我從她身上學習到很多。」

王理說,因希望工程而認識劉家汶的大愛台同仁,組成了一個「希望之友」團隊,像個溫暖家族般,陪伴著家汶成長。

這分關懷就像一面透徹的鏡子,也讓劉家汶映照出自己的改變。

「曾經有人被我的義肢嚇到,我埋怨它為何要長這個樣子……」直到赴台北接受水療復健後,她對陪伴十年的義肢有了新的看法,也逐漸打開封閉的心房。

「若沒有這個義肢,我怎麼能走更長遠的路?未來,我要和義肢當好朋友。」劉家汶笑著說。「我曾在社工姊姊面前拿下它,她讚歎我勇於面對殘缺。我發現自己有進步了!」

每年九月,兒福聯盟都會為九二一地震失親的孩子舉辦聚會,大家透過分組遊戲更了解彼此。劉家汶說:「小時候根本沒有全家出旅的機會,地震後,我去過好多遊樂場。我比很多孩子都幸福。很感恩!」

為您寫本書

「小時候,有一次媽媽剛領薪水,帶我們去吃羹麵。那時下起大雨,附近商家都收攤了,麵攤老闆看到我們一家六口在等待,就為我們撐起一把很大的傘,讓我們擠在一起吃麵……現在回想起來,真的好溫馨喔!」劉家汶說,那一幕永遠停駐在

腦海中。

「還有一天，媽媽第一次說要買冰給我們吃，我牽著媽媽的手，跟她說：『長大後，我會努力賺錢，買項鍊給你、買車送給爸爸。』媽媽很開心，回家後轉述給爸爸聽，他也笑得很燦爛。那是我第一次看到爸爸笑，幾天後就發生地震……」

美好的日子如煙輕掠，點滴在心頭，劉家汶沈浸在記憶中，「我把這些故事整理成冊，寄給出版社，取名《為您寫本書》，裏面都是我想告訴媽媽的話，還有生活中的記憶。」

劉家汶說，會想要動手寫書，除了受到媒體記者的鼓勵外，她在失去親人後，對生命產生全新的看法。

劉家汶透過畫筆來抒發她對家的想望。

曾經逼近死亡，劉家汶談生死，卻不放在對死的恐懼上，而是在生的無限可能中。「活著的目的，就是能做的趕快做，不要帶著遺憾。如果我今天發生意外了，希望自己沒有遺憾地走，所以要及時把媽媽的好，記錄下來。」

「以前害怕造成麻煩，所以我跟嬸嬸很像陌生人，現在我會把感謝說出口。」不久前，劉家汶第一次跟叔叔談心事，才發現嬸嬸和叔叔其實是默默地關心她，「『愛在心裏口難開』，我覺得這樣不好。不要覺得害羞，把愛表達出來才沒有遺憾。」

再度提到地震後思念媽媽的那個夢境，劉家汶說，直到近年，她才逐漸想得透徹。

「我思索自己活下來的意義——媽媽走得這麼突然，一定有所遺憾；或許老天讓我活下來，是為了幫媽媽做些什麼，像是孝順爺爺奶奶、把自己照顧好。」

劉家汶說，她現在做什麼，都會先想到媽媽。「如果這樣做，媽媽會開心，我就勇往直前地去做！」

四川大震後，兒福聯盟邀請劉家汶上台分享：「看到新聞時，恨不得馬上就去幫助他們！當初我們也是這樣受助而度過，希望四川的孩子能夠加油！」

這個二十一歲的孩子，將對母親的思念蘊藏成一股力量，等待著散發給更多需要的人。

■

二〇〇九年的劉家汶，生活中有許多改變——陪伴她十年的健保義肢，要在台中慈濟醫院更換成電子義肢，好更自在的走動、攀登，甚至穿上嚮往已久的裙子；她開車帶著同學到南部玩，將社工和她相處的方式帶給同儕朋友……她觀察自己的過去，決定改變內向、打破隔閡，不受別人的眼光限制，做回最真的自己。

「愈表現自己、愈做回自己愈開心。」說到這裏，劉家汶又恢復成二十一歲女孩的模樣。高中就讀廣告設計科的她，時常以圖畫來表現心情；攤開一幅尚未完成的水彩畫，瑰麗的色塊交疊，畫面充滿濃烈的馬戲團華麗色彩。

然而，她卻笑說：「太夢幻了，不喜歡。」這不是她想繪出的回憶。

打開最近創作的一幅畫，一位聾啞女孩登上舞台表演舞蹈。「女孩得到很多掌聲，覺得自己可以做得更多！」劉家汶將自我投射在故事裏。現在的她，更願意將自己的缺陷用畫呈現，九月於大愛台舉辦的畫展，將見證她這一路走來的歷程。

梅花香自苦寒來
見證地震島的生命力

作　　者／葉子豪、儲郁芬、陳柏州、陳美羿、郭漢崇、何貞青、葉文鶯、馮美禎、賴怡伶、
　　　　　張月昭、林瑋馨、陳穎茂、施金魚、湯淑瓊、游瑞婷、黃秀花、黃鵬宇、姚仁喜、
　　　　　子　魚、歐君萍、黃芳淇、李委煌、林雪花、洪懿君、廖素梅、林淑緞、呂媛菁、
　　　　　范毓雯、王蕙華、李　玲、謝菩娟、王守白、涂羿玫

總 編 輯／王慧萍
主　　編／陳玫君
採訪組長／呂祥芳
編　　輯／涂慶鐘、游瑞婷（志工）、陳宜靜（志工）
校對志工／張勝美、李秀娟、郭秋德
美術設計／林家琪

創 辦 人／釋證嚴
發 行 人／王端正
出 版 者／慈濟傳播人文志業基金會
地　　址／112台北市北投區立德路2號
編輯部電話／(02)28989000－2065
客服專線／(02)28989898　　傳真專線／(02)28989993
郵政劃撥帳號／19924552
戶　　名／經典雜誌
製版印刷／新豪華製版印刷股份有限公司
經 銷 商／聯合發行股份有限公司
地　　址／231台北縣新店市寶橋路235巷6弄6號2樓
電　　話／(02)29178022
出版日期／2009年9月初版一刷
定　　價／新台幣300元

國家圖書館出版品預行編目資料

梅花香自苦寒來——見證地震島的生命力／
黃秀花等作；陳玫君主編
——初版.——臺北市：慈濟傳播人文志業基金會出版；
臺北縣新店市：聯合總經銷，2009.09
256面；19×26公分
ISBN 978-986-6644-40-5（平裝）
1.震災　2.賑災　3.文集
548.31707　　　　　　　　　　　　98016570